U0085030

序言

　　指定科目考試生物科已有十年的歷史，並考驗同學們是否具備生物之重要知識，進而推理判斷，故最佳應試策略，即**熟悉歷屆指考題型**，探尋命題軌跡，以收事半功倍之效。依據大考中心命題原則，生物科的測驗目標為：考生生物學知識、考生運用科學方法的能力、考生對生物學論述或實驗報告的閱讀分析與判斷能力等三大主題。儘管每年考題重點不盡相同，但經過十年的累積，複習每年不同的考題重點，便可全力以赴指考生物。

　　本書彙集 91～100 年指定科目考試生物科試題與詳解，彙編成「歷屆指考生物科試題詳解」。每份試題都極具代表性，命題教授出題的目的在於，測驗考生是否瞭解生物考科的基本知識，及具備學習生物考科的實力。

　　本書編校製作過程嚴謹，但仍恐有缺失處，尚祈各界先進不吝來函指正為荷。

編者　謹識

CONTENTS

100 年大學入學指定科目考試試題
生物考科

第壹部分：選擇題（佔 71 分）

一、單選題（20 分）

說明：第 1 題至第 20 題，每題 4 個選項，其中只有 1 個是最適當的
選項，畫記在答案卡之「選擇題答案區」。各題答對得 1 分，
未作答、答錯、或畫記多於 1 個選項者，該題以零分計算。

1. 以有性生殖繁殖的生物中，哪一種生物的性別，取決於卵細胞中
攜帶的性染色體？
   (A) 雞　　　　(B) 螞蟻　　　　(C) 果蠅　　　　(D) 蝗蟲

2. 下列哪一種胚外膜的功能與胚胎養分、氧攝取及代謝廢物排出有
關？
   (A) 尿囊　　　　(B) 羊膜　　　　(C) 絨毛膜　　　　(D) 卵黃囊

3. 下列哪一種酵素基因突變會導致岡崎片段（Okazaki fragment）在
細胞中累積？
   (A) DNA 聚合酶　　　　　　(B) RNA 聚合酶
   (C) DNA 連接酶　　　　　　(D) RNA 連接酶

4. 下列有關洒呑（W. S. Sutton）所提出的染色體學說之敘述，何者
正確？
   (A) 描述基因控制遺傳性狀　　(B) 推測基因位於染色體上
   (C) 描述同源染色體聯會
   (D) 推測染色體變異影響個體性狀

5. 下列何者與神經細胞膜電位的形成無關？
   (A) 細胞膜上鈉鉀幫浦　　　　(B) 細胞內外滲透壓差
   (C) 細胞內外各種離子濃度差
   (D) 細胞膜對不同離子的通透性不一樣

6. 經過高三整年準備學測與指考的壓力刺激，下列何種激素在血液的濃度可能增加？
   (A) 葡萄糖皮質素　　　　　　(B) 甲狀腺素
   (C) 生長激素　　　　　　　　(D) 胃泌素

7. 下列有關內分泌腺或組織器官與其所分泌激素的配對，何者正確？
   (A) 甲狀腺：甲狀腺刺激素　　(B) 腎上腺：促腎上腺皮質素
   (C) 腎臟：紅血球生成素　　　(D) 腦下腺前葉：催產素

8. 視丘能將體內感覺訊息如聽覺、視覺等傳入大腦皮層以引起感覺。下列何種感覺不經過視丘？
   (A) 味覺　　　　(B) 痛覺　　　　(C) 溫覺　　　　(D) 嗅覺

9. 臺灣水韭目前只發現分布在陽明山國家公園的夢幻湖，部分學者認為是臺灣特有生物。惟其形態與分子證據卻與族群量較大的中華水韭和貴州水韭頗為相似，因而引起其他學者不同的看法。根據以上訊息，下列有關臺灣水韭來源的推論，何者最為合理？
   (A) 應是臺灣特有種　　　　　(B) 應是臺灣原生種
   (C) 由外地移入並適應本地環境
   (D) 可歸類為外來入侵植物

10. 下列何構造無法影響水進出植物體的功能？
    (A) 葉面角質層　(B) 氣孔　　(C) 卡氏帶　　(D) 皮孔

11. 下列有關雙子葉植物的敘述，何者正確？
    (A) 都有年輪
    (B) 維管束散生
    (C) 皆無形成層
    (D) 皆有種子

12. 以下對苔類和蕨類的形態和生活史的描述，何者正確？
    (A) 苔類具維管束，蕨類無維管束
    (B) 於野外看見的蕨類多為其配子體
    (C) 土馬騌同一配子體上會發育出精子和卵
    (D) 苔類的孢子體和配子體會生長於同一個體上

13. 下列有關不同植物固定 CO_2 方法的敘述，何者錯誤？
    (A) 水稻葉肉細胞內的酵素能促使 CO_2 與三碳糖結合
    (B) 鳳梨的葉肉細胞可在夜間將 CO_2 固定於液胞內
    (C) 甘蔗的葉肉細胞僅能固定 CO_2，但無法合成磷酸甘油醛
    (D) 仙人掌的葉肉細胞可以固定 CO_2，又可以合成磷酸甘油醛

14. 下列有關原生生物界的敘述，何者正確？
    (A) 均為單細胞生物
    (B) 細胞壁含有幾丁質
    (C) 細胞不具有細胞核與胞器
    (D) 營養方式歧異度大

15. 下列有關植物的營養器官與功能之敘述，何者正確？
    (A) 根帽可保護生長點，但細胞與土壤摩擦易脫落，需經常補充
    (B) 多年生的雙子葉植物具有活躍的形成層，使莖不斷伸長
    (C) 水生植物的葉片具有很厚的角質層，可防水分不斷滲入植物體
    (D) 單子葉植物位於莖外部的維管束有韌皮部，位於莖內部者具
        有木質部

16. 下列哪種生物既沒有胚胎也沒有運輸組織？
    (A) 石松
    (B) 水綿
    (C) 銀杏
    (D) 木賊

17. 根據 1990 年 Carl Woese 將生物分成三域，分別是古細菌、細菌和真核生物，其中前兩域的生物以前屬於原核生物。試問，下列甲～己的特性中，哪些是古細菌與細菌共有的？

    甲、具有核糖體　　　　　　　乙、具有環狀染色體

    丙、細胞膜的結構與真核細胞不同

    丁、可以進行糖解作用產生能量

    戊、不具有細胞壁　　　　　　己、不具有內質網

    (A) 甲乙丁戊　　　　　　　　(B) 甲乙丁己

    (C) 乙丙丁戊　　　　　　　　(D) 乙丁戊己

18. 吞噬細胞以吞噬作用殺死病原體的消化酵素存在於細胞內何處？

    (A) 粒線體　　　　　　　　　(B) 溶體

    (C) 液胞　　　　　　　　　　(D) 過氧化體

第 19 至 20 題為題組

　　今年春節期間流感疫情達高峰，曾同時有 6 種病毒在流行，其中包括 2 種 A 型流感病毒（H1N1 和 H3N2）和一種 B 型流感病毒，而且同時得到 2 種感冒的風險很高。

　　根據上述，請回答第 19-20 題：

19. 人體專一性防禦系統主要誘發下列哪些細胞的增生和活性，才能有效戰勝病毒感染而痊癒？

    (A) 輔助 T 細胞、胞殺 T 細胞

    (B) 抗原呈現細胞、輔助 T 細胞、胞殺 T 細胞

    (C) 輔助 T 細胞、胞殺 T 細胞、B 細胞

    (D) 抗原呈現細胞、輔助 T 細胞、B 細胞

20. 施打過 H3N2 疫苗或是曾經得過 H3N2 流感的人不易（甚至不會）
再被 H3N2 感染而生病。此效應主要是因下列哪些專一性防禦特
性所致？
(A) 專一性、記憶性
(B) 記憶性、不會對抗自身細胞
(C) 專一性、不會對抗自身細胞
(D) 記憶性、抗原會引發不同專一性反應

二、多選題（30 分）

說明：第 21 題至第 35 題，每題有 5 個選項，其中至少有 1 個是正確
的選項，選出正確選項畫記在答案卡之「選擇題答案區」。各
題之選項獨立判定，所有選項均答對者，得 2 分；答錯 1 個選
項者，得 1.2 分，答錯 2 個選項者，得 0.4 分，所有選項均未
作答或答錯多於 2 個選項者，該題以零分計算。

21. 下列哪些種類生物，其配子直接由 2n 細胞經減數分裂而來？
(A) 人　　　　　　(B) 豌豆　　　　　　(C) 果蠅
(D) 病毒　　　　　(E) 大腸桿菌

22. 圖 1 為人類某性聯隱性遺傳疾病之族譜，圓形表女性，方形表男
性，實心為呈現此遺傳疾病者。若第二世代中箭頭標示的個體與
一正常男性結婚，其所生小孩的相關敘述，哪些正確？

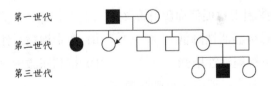

圖 1 性聯遺傳疾病族譜

(A) 所有男孩都正常

(B) 所有女孩都正常

(C) 所有男孩都會得此遺傳疾病

(D) 所有女孩皆為突變基因攜帶者

(E) 男孩得此遺傳疾病之機率是 1/2

23. 下列有關幹細胞的敘述，哪些正確？

(A) 幹細胞可以用來治療唐氏症

(B) 幹細胞可以分化成多種細胞

(C) 胚胎和成體中都有幹細胞的存在

(D) 幹細胞可以不斷地增生更多幹細胞

(E) 骨髓幹細胞可以分化成個體

24. 移除大鼠的胰臟，待動物恢復後進行實驗，推測下列哪些食物成份將難以消化並吸收？

(A) 多醣　　　　(B) 雙醣　　　　(C) 脂肪

(D) 胺基酸　　　(E) 蛋白質

25. 下列哪些生理狀況會增加抗利尿激素分泌？

(A) 口渴時　　　　　　　(B) 喝大量水

(C) 尿液增多　　　　　　(D) 血液滲透濃度增加

(E) 血液中的鈉離子濃度比正常高

26. 下列哪些因素會促使血壓升高？

(A) 交感神經活性降低　　(B) 迷走神經活性降低

(C) 舌下神經活性增強　　(D) 抗利尿激素分泌過多

(E) 冬天溫度過低引起小動脈收縮

27. 下列有關生態系能量流動與物質循環的敘述，哪些正確？
    (A) 食物鏈的長度受限於營養階層間能量轉換的效率
    (B) 一生態系內的生物數量總是隨著營養階層上升而減少
    (C) 一般而言，河川下游較上游氧含量高
    (D) 細菌與真菌是連接有機生命世界和無機物質世界的主要生物
    (E) 快速消耗古生物所固定的碳是今日大氣中二氧化碳濃度升高
       的主要原因

28. 下列有關影響全球各類型生態系特性與分布的敘述，哪些正確？
    (A) 熱帶雨林生物多樣性高且四季景觀變化大
    (B) 寒原生態系鳥類多樣性常有顯著的季節性變化
    (C) 溫度和降水是影響全球各類型生態系分布的重要因子
    (D) 多數沙漠草本植物的根多而深，有利自深層土壤獲取水
    (E) 季節性降水不足是熱帶疏林草原無法發展成森林的重要原因

29. 2010 年 6 月 27 日桃園地區從山區到沿海一場午後雷陣雨持續二
    小時，降雨量達 75 釐米造成市區大淹水，但在 40 年前，同樣的
    降雨情況卻沒有造成大淹水，下列哪些是可能的原因？
    (A) 人口成長率下降
    (B) 集水區森林的開發
    (C) 全球氣候變遷
    (D) 廣設社區公園
    (E) 河岸及市區不透水的地面增加

30. 下列有關光敏素影響植物生長與開花之敘述，哪些正確？
    (A) 林下植物因為只能接受遠紅光，因此 Pr 的量一直偏低
    (B) 萵苣的種子接受紅光照射後，Pfr 會增加而促進種子萌發
    (C) 陽性植物的幼苗在光照下，因為 Pfr 增加，而使節間不易伸長

　　(D) 短夜植物（長日照植物）葉部累積 Pfr 的量若高於臨界值，
　　　　就會開花

　　(E) 長夜植物（短日照植物）若在連續黑暗期中照射紅光，則會
　　　　因 Pr 減少而開花

31. 在自然環境下，植物有其各自的地理分
　　 布。圖 2 是臺灣本島地形圖。試問臺灣
　　 鐵杉與紅樹林依序各分布於圖中何處？

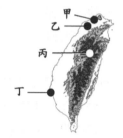

圖 2　台灣地形

　　(A) 甲、乙　　　　　　　(B) 乙、丙
　　(C) 丙、甲　　　　　　　(D) 丙、丁
　　(E) 丁、乙

32. 在下列哪些環境下，植物的氣孔會打開？
　　(A) 環境溫度太高　　　　　(B) 土壤水分不足
　　(C) 吉貝素濃度上升　　　　(D) 離層素濃度下降
　　(E) 照射藍光，促使鉀離子進入保衛細胞

第 33 至 34 題為題組

　　動物體的內分泌腺和神經內分泌腺會分泌激素，隨著循環系統流
　　經全身。當此激素與目標細胞的受體結合後，在細胞內會引發一
　　系列的化學反應，進而影響此目標細胞的生理反應。根據上述，
　　請回答第 33-34 題：

33. 下列哪些激素的作用必須先與目標細胞膜上的受體結合？
　　(A) 黃體成長激素　　　　　(B) 甲狀腺素
　　(C) 生長激素　　　　　　　(D) 腎上腺素
　　(E) 雄性素

34. 在有 cAMP 參與激素作用於目標細胞的過程中，下列敘述哪些正確？
   (A) cAMP 是第二信使
   (B) 激素可以直接進入細胞
   (C) 激素可透過 cAMP 直接調節特定基因表現
   (D) cAMP 是在激素和受體結合後才被催化合成的
   (E) 激素若無 cAMP 參與，亦可引發下游的化學反應

35. 生物固碳法是利用生物具有光合作用的能力，將二氧化碳轉換成碳水化合物。下列有關景天酸代謝（CAM）植物之固碳作用的敘述，哪些正確？
   (A) 發生在白天
   (B) 需要水分子
   (C) 需要液胞
   (D) 發生在光反應，可以產生能量
   (E) 發生在碳反應，會消耗能量

三、閱讀題（21 分）

說明：第 36 題至第 44 題，包含單選題與多選題，單選題有 4 個選項，多選題有 5 個選項，每題選出最適當的選項，標示在答案卡之「選擇題答案區」。單選題各題答對得 2 分，未作答、答錯、或畫記多於 1 個選項者，該題以零分計算。多選題所有選項均答對者，得 3 分；答錯 1 個選項者，得 1.8 分，答錯 2 個選項者，得 0.6 分，所有選項均未作答或答錯多於 2 個選項者，該題以零分計算。

閱讀一

目前全球約有一半的人口感染幽門螺旋桿菌（*Helicobacter pylori*）。幽門螺旋桿菌是一種具螺旋結構及鞭毛的革蘭氏陰性細菌，於 1983 年由澳洲醫師於胃黏膜標本中發現並培養出來。幽門螺旋桿菌感染人體時會分泌尿素酶，將尿素轉化為鹼性的氨以中和胃酸，利於長期存活在胃部。除了引起胃炎外，幽門螺旋桿菌也與十二指腸潰瘍及胃癌的形成相關。

幽門螺旋桿菌與感染的宿主胃部細胞間的互動非常有趣，研究顯示當人類胃部表皮細胞受到幽門螺旋桿菌感染時，會分泌第二型岩藻醣水解酶（FUCA2），催化水解醣蛋白寡醣側鏈上的岩藻醣（L-fucose），幽門螺旋桿菌可以從表皮細胞攝入水解產物岩藻醣，提供其生長的養分與能量。若以 RNA 干擾技術降低表皮細胞 FUCA2 的表現，可降低幽門螺旋桿菌附著到表皮細胞表面的能力，進而降低其毒性分子 CagA 轉移到表皮細胞內，顯示 FUCA2 與幽門螺旋桿菌致病有關。此外，FUCA2 的表現可增加幽門螺旋桿菌路易士X抗原的形成，此醣分子抗原可幫助幽門螺旋桿菌躲避宿主免疫系統的攻擊。故 FUCA2 可能成為胃部疾病的新型診斷標記，以及藥物研發目標。

依據上文內容和習得的知識，回答第 36-38 題：

36. 下列何者有助於幽門螺旋桿菌存活在人體胃部的酸性環境？
    (A) 幽門螺旋桿菌分泌尿素酶　　(B) 人體胃部細胞分泌尿素酶
    (C) 幽門螺旋桿菌分泌 FUCA2　　(D) 人體胃部細胞分泌 FUCA2

37. 下列何者有助於幽門螺旋桿菌對胃部表皮細胞的附著？
    (A) 尿素酶　　　　　　　　　　(B) CagA 毒性分子
    (C) FUCA2　　　　　　　　　　(D) 路易士 X 抗原

38. 下列哪些分子具有潛力發展成為治療幽門螺旋桿菌感染的藥物？
    (A) 尿素酶促進劑
    (B) FUCA2 抑制劑
    (C) 合成岩藻醣的酵素
    (D) 耐胃部強酸的抗生素
    (E) 抗路易士 X 抗原的口服抗體

閱讀二

　　人體攝食過多將引起肥胖，過多的能量以肝醣儲存於肝臟與肌肉或是以三酸甘油酯儲存於脂肪組織。

　　能量的儲存或攝取受激素與神經的調控。日常攝食後，血糖增多，葡萄糖在胰臟 β 細胞進行代謝，產生 ATP 會促使細胞膜上依賴 ATP 的 K^+ 通道關閉，致細胞電位升高，開啟 Ca^{2+} 通道，讓 Ca^{2+} 進入細胞，引起胰島素分泌，促進血糖運入肝臟、肌肉與脂肪組織。相對地，若血糖低，則促進胰臟 α 細胞分泌昇糖激素，作用於肝臟，使肝醣分解出葡萄糖。

　　當脂肪組織儲存過多的三酸甘油酯時，脂肪細胞會分泌瘦身素，隨血液循環流到下視丘，作用於厭食神經細胞上的瘦身素受體，使厭食細胞興奮，也同時抑制該處的攝食神經細胞。厭食細胞興奮，不但減少攝食，且會興奮支配脂肪組織的交感神經，促使脂肪細胞氧化脂肪酸，這種脂肪酸氧化產生的能量不是 ATP 而是熱，熱則直接散出體外。下視丘還會將訊息傳給延腦，興奮支配肝臟的迷走神經，抑制肝臟合成葡萄糖。動物實驗發現，小鼠兩個瘦身素基因突變後，體重是正常鼠的 3 倍。

依據上文內容和習得的知識，回答第 39-41 題：

39. 下列有關引起胰島素分泌的敘述，何者正確？
    (A) 鈣離子流出 β 細胞
    (B) 鉀離子進入 β 細胞
    (C) 胰臟 β 細胞去極化
    (D) 昇糖激素促使血糖增加

40. 下列有關瘦身素生理功能的敘述，哪些正確？
    (A) 引起厭食
    (B) 增加血糖濃度
    (C) 降低脂肪細胞的三酸甘油酯
    (D) 抑制攝取食物中的脂肪成份
    (E) 不需要受體參與即可抑制攝食神經細胞

41. 顧名思義瘦身素應該有減肥的效果，其引起瘦身的可能原因為何？
    (A) 因為由瘦身的基因所管制
    (B) 消耗脂肪酸卻不會產生 ATP
    (C) 減少肝醣與三酸甘油酯的儲存量
    (D) 脂肪酸代謝產生的 ATP 被立即轉換成熱能散出體外

閱讀三

　　所謂外來生物入侵是指移居新棲地的物種，成功建立新族群並對當地生態產生重大衝擊。越來越多研究發現許多外來生物在被引入一新的地區後，並未立刻對當地生態系產生重大影響，而是在數年甚至數十年之後，才出現龐大的外來種族群對生態系產生衝擊，亦即從引入到產生生態衝擊間有很長的時間延遲。此外，有的外來生物在多次被引入後才對生態系產生明顯影響。也有研究發現，如果外來生物多次引入的來源地不同，發生族群大量增長對生態系產生大衝擊的機率更高。因此，外來生物擴張的特性究竟是在原棲地就存在或者是到達新棲地之後才演化出來，引發許多討論與研究。

　　在研究生物入侵時，除演化遺傳學的突變概念之外，經常會提及以下三種概念：一、雜交優勢，是指雜交所產生的個體較親代雙方更具競爭優勢；二、Allee 效應（Allee 是姓），是指族群密度與族群成長速率有正相關，這是因為族群密度過低不利於個體求偶、禦敵等；三、先驅者效應，是指由少數個體在新棲地重新建立的新族群，雖然此族群的數量會增加，但因幾乎未與其他族群交配繁殖，個體間基因歧異度低。

依據上文內容和習得的知識，回答第 42-44 題：

42. 如果一外來生物入侵特性在原生地就存在，而非到新棲地後才演化出來，那麼能解釋外來入侵生物引入新棲地後，延遲衝擊當地生態的原因為何？
    (A) S 型族群成長　　　　　　(B) 先驅者效應
    (C) 突變　　　　　　　　　　(D) Allee 效應
    (E) 雜交優勢

43. 下列何者最能解釋一外來生物在多次從同一來源地引入後才出現族群大幅擴張？
    (A) 雜交優勢　　　　　　　　(B) Allee 效應
    (C) 環境適應　　　　　　　　(D) 先驅者效應

44. 下列何者最能解釋一外來生物由多個來源地引入後才發生族群大幅擴張？
    (A) 雜交優勢　　　　　　　　(B) Allee 效應
    (C) 先驅者效應　　　　　　　(D) S 型族群成長

第貳部分：非選擇題（佔 29 分）

說明：本大題共有四題，<u>作答務必使用筆尖較粗之黑色墨水的筆書寫，且不得使用鉛筆。</u>答案務必寫在「答案卷」上，並於題號欄標明題號（一、二、…）與子題號（1、2、…）。作答時不必抄題。

一、 李同學設計一個密閉
　　 的實驗箱，留有出、
　　 入兩個氣體開口，出
　　 口的直徑大於入口。
　　 實驗時，將大鼠置於
　　 動物籠內，並安置於

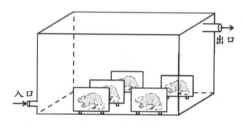

圖 3 動物箱及箱內所飼養的動物與動物籠

實驗箱，然後從出口抽氣，使氣體從入口進，由出口出來（圖 3 箭頭所示）。由於直徑的差異，出口的氣流大於入口，於是實驗箱內的氣壓降低，約近似 380 mmHg。對照組所用實驗箱的出、入口直徑相同，所以箱內的氣壓與外界一樣。實驗進行三週後，他抽血分析生理參數。試根據這個實驗回答下列問題。

1. 根據氧合血紅素解離曲線之概念來判斷，與對照組相比較，實驗大鼠血中氧分壓高低的變化為何？同理，血中二氧化碳分壓的高低有何變化？（2 分）

2. 實驗大鼠的肺泡數目與肺泡微血管數目各有何變化？（2 分）

3. 實驗大鼠會發生呼吸性鹼中毒，為什麼？此種酸鹼失衡由哪一種器官來調節？（2 分）

4. 實驗動物的血紅素濃度有何變化？（1 分）

二、 表 1 是某生態學者在三年內對一生態系內四個物種數量進行多
　　 次調查所得平均結果，根據表 1 資料回答下列問題。

表 1　一個生態系的成員數量

物種＼數量 個體	幼體	亞成體	成體	老成體
甲	700	680	600	95
乙	350	280	220	190
丙	30	14	13	12
丁	0	70	30	0

1. 大象之族群生存曲線近似於 A、B、C 曲線中何者？（2 分）

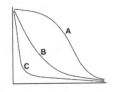

2. 上圖族群生存曲線之 X 軸及 Y 軸各為何？A、B、C 曲線中，
　　何者為表 1 甲物種的族群生存曲線？（3 分）

3. 哪一個物種最可能是新進入此一生態系的外來種？（2 分）

三、 分子 F 是細菌生長必須的養分，缺乏 F 分子時，細菌無法正常
　　 生長。細菌從環境中吸收 A 分子後，利用 a、b、c、d 及 e 五
　　 種酵素催化一連串的代謝反應（反應式一）。五種酵素中的三
　　 種酵素基因 a、b、c 位於相同的操縱組（圖 4），此操縱組受
　　 到細菌體內 F 分子濃度的回饋抑制。請根據上文陳述，回答下
　　 列問題。

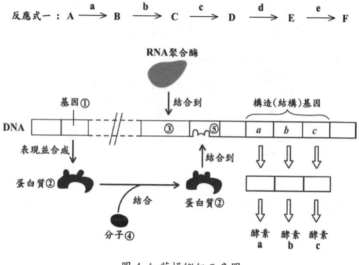

反應式一：$A \xrightarrow{a} B \xrightarrow{b} C \xrightarrow{c} D \xrightarrow{d} E \xrightarrow{e} F$

圖4　細菌操縱組示意圖

1. 請標示出操縱組中的①、③及⑤的名稱。（3分）

2. 當蛋白質②與分子④結合後，此複合物會結合到操縱組的位置⑤，進而調節結構基因的轉錄。試問，蛋白質②是一種抑制蛋白或誘導蛋白？分子④是反應式中的哪一種分子？（2分）

3. 細菌的基因 *b* 突變時，無法產生有活性的酵素 b。試問酵素 c 是否有活性？（1分）

4. 承題3，將突變株培養在分別只添加一種分子 A、B、C 或 D 的培養基後，觀察生長情形。試問，突變株可以生長在單獨添加哪幾種分子的培養基中？以大寫字母表示。（2分）

四、 請回答下列有關果蠅遺傳實驗的問題。

1. 果蠅決定翅膀長度與體色的基因在同一條染色體上，減數分裂時會分配到同一個配子，這個現象稱為什麼？（1分）

2. 同一條染色體上的兩個基因距離愈遠，互換比率愈高，此比率稱為互換單位。理論上，於作實驗時，可得到的最高互換單位為何？（2分）

3. 若果蠅翅膀長度與體色基因間相距 20 互換單位，生殖母細胞聯會時發生基因互換的機率為何？（2分）

4. 承題 3，由互換產生的重組型配子出現的機率為何？（2分）

100年度指定科目考試生物科試題詳解

第壹部分：選擇題

一、單選題

1. **A**

【解析】 (A) 雞：ZW 型：ZZ－♂，ZW－♀，決定於♀性性染色體

(B) 螞蟻：套數決定型：2n－♀，n－♂

(C) 果蠅：XY 型：XX－♀，XY－♂，決定於♂性性染色體

(D) 蝗蟲：ZO 型：ZZ－♀，ZO－♂，決定於♂性性染色體

2. **C**

【解析】 在人類胚胎的養分、氧氣、攝取、代謝、廢物的排除，皆與胎盤有關，而胎盤是由絨毛膜與母體子宮內壁共同形成

3. **C**

【解析】 DNA 連接酶可將岡崎片段連接起來，若基因突變，無DNA 連接酶，無法將岡崎片段連接起來，故岡崎片段可在細胞中累積增多

4. **B**

【解析】 此為染色體學說之定義「基因位在染色體上」

5. **B**

【解析】神經細胞膜電位的造成與膜內外的離子濃度差有關，
　　　　故 (A)、(C)、(D) 三者皆有關。但 (B) 選項滲透壓是因溶
　　　　質濃度（或水的相對濃度）造成的，與本題無關。

6. **A**

【解析】此為神經免疫學的考題。即：環境壓力 —影響→ 神經系統
　　　　—影響→ 內分泌系統 —影響→ 免疫能力。而免疫能力與葡萄
　　　　糖皮質酮有關。

7. **C**

【解析】(A) 甲狀腺：甲狀腺素；腦下腺前葉：甲狀腺刺激素

　　　　(B) 腎上腺：腎上腺皮質素；腦下腺前葉：促腎上腺皮
　　　　　　質素

　　　　(D) 腦下腺後葉：催產素

8. **D**

【解析】在視丘以下的感覺傳至大腦時皆需先經過視丘轉換神
　　　　經元，故僅嗅覺不需轉換

9. **C**

【解析】既然由分生證據證明與中華水韭及貴州水韭相似，那
　　　　(A)、(B) 不正確。至於外來入侵種是由人為帶入，而台
　　　　灣水韭是由候鳥帶至本島，故 (C) 正確，而 (D) 不正確

10. **D**

【解析】(A) 角質層可阻止水分自體表散失

　　　　(B) 氣孔可開閉調整水分蒸散

(C) 卡氏帶可阻止根部水分流失

(D) 皮孔無控制水分進出植物體之功能

11. **D**

【解析】(A) 雙子葉草本莖無年輪

(B) 單子葉莖維管束散生，而雙子葉植物維管束環狀排列

(C) 雙子葉植物根、莖皆有形成層

(D) 雙子葉植物屬於種子植物

12. **D**

【解析】(A) 苔類無維管束，蕨類有維管束

(B) 野外所見維管束植物（包括蕨類）的根、莖、葉，皆為孢子體

(C) 苔蘚植物（包括土馬騣）配子體皆為♀♂異株

(D) 苔類孢子體以足部寄生雌配子體

13. **A**

【解析】(A) 水稻為 3C 植物，葉肉行卡爾文循環將 CO_2 與五碳醣結合

(B)、(D) 鳳梨、仙人掌，為 CAM 植物，在夜間將 CO_2 固定於葉肉的液胞中，再於葉綠體內合成三碳醣（磷酸甘油醛）

(C) 甘蔗為 C4 植物白天在葉肉固定 CO_2，白天同時在脈鞘細胞合成三碳醣（磷酸甘油醛）

14. **D**

【解析】(A) 原生菌物多為多細胞，而藻類亦具有部分為多細胞個體

(B) 原生植物纖維素細胞壁，原生動物無細胞壁，原生菌物細胞壁有幾丁質細胞壁成分

(C) 原生生物界屬於真核生物，有細胞核

(D) 有自營（原生植物）、有異營（原生菌類、原生動物類）

15. **A**

【解析】 (A) 根帽由生長點向下分裂補充細胞

(B) 形成層分裂主要使莖、根不斷加粗

(C) 水生植物水分不易蒸散，故不需要角質層

(D) 單子葉植物每一個單一維管束皆有木質部（向內）及韌皮部（向外）

16. **B**

【解析】 石松、銀杏、木賊，皆為陸生綠色植物，皆有維管束的輸導組織，也有胚胎。但水綿是綠藻，屬於原生植物，無維管束，也無胚胎

17. **B**

【解析】 古細菌與真細菌皆為原核生物，故 (甲)(乙)(丁)(己) 為共同特徵。真細菌細胞膜結構與真核生物相似，但古細菌不同；古細菌和真細菌二者皆有細胞壁

18. **B**

【解析】 (A) 粒線體含氧化代謝酶，行呼吸作用

(B) 溶體含水解酶，行水解、消化作用

(C) 液泡含及一些儲存物

(D) 過氧化體含一些代謝酶，行生理代謝作用

19. **C**

【解析】 活化輔助 T 細胞可產生細胞激素，活化胞殺 T 細胞可破壞被病毒感染的細胞，活化 B 細胞可殺死游離的病毒

20. **A**

【解析】 利用記憶性 B 細胞的記憶性及專一性，故本題選 (A)

二、多選題

21. **AC**

【解析】 動物直接由生殖母細胞(2n)減數分裂產生生殖細胞(n)，故選(A)、(C)。而豌豆是配子體(n)有絲分裂產生配子(n)。至於病毒、細菌不行減數分裂

22. **BE**

【解析】 根據族譜圖所示，箭頭所指基因型為 Aa，故與正常男子結婚 Aa×AY 所得後代男生 1/2 正常，1/2 得病；女生皆正常，一半是 AA，一半是 Aa

23. **BCD**

【解析】 (A) 唐氏症為第二十一對染色體多一條，無法以幹細胞治療

(E) 骨髓幹細胞已有部分分化，故全能性較胚胎幹細胞差，無法分化成整個個體

24. CE 或 ACE

【解析】 胰臟可分泌胰澱粉酶、胰脂肪酶、胰蛋白酶，故大鼠無胰臟無法分解 (A)(C)(E)。臟不分泌雙醣酶，故有無胰臟雙糖皆無法吸收。至於胺基酸不需經消化即可吸收，故筆者認本題選 (A)(C)(E)。

25. ADE

【解析】 口渴時，血液滲透壓增加，下視丘口渴中樞受刺激，刺激腦下腺後葉分泌抗利尿激素，(B)(C) 則不會

26. BDE

【解析】 (A) 交感神經會使血壓升高，故活性降低，血壓降低
(C) 舌下神經控制舌肌的感覺和運動，與血壓無關

27. ADE

【解析】 (B) 生物數量與營養階層升高並無絕對關係，因生物數量在食物鏈的傳遞不一定遵守 10% 定律
(C) 河川下游有機物沈積，微生物大量增加，故含氧量減少

28. BCE

【解析】 (A) 熱帶雨林終年高溫、雨量高，故終年枝葉茂密，景觀變化少
(B) 寒原隨季節變化、溫度差異，故候鳥遷移，因此鳥類多樣性變化大
(D) 沙漠草本植物根淺而分布廣，吸收表層的雨水

29. **BE**

【解析】40 年來：

(A) 桃園人口成長率上升

(B) 桃園地區水域上游集水區森林砍伐，保水功能差造成桃園淹水

(C) 因為 40 年來二次降雨量相似，故與氣候變遷無關

(D) 人口成長、居住密集、社區公園少才會淹水

30. **BCD**

【解析】(A) 林下植物接受遠紅光，Pfr —遠紅光→ Pr，故 Pr 量升高

(B) 萵苣種子見光萌芽是因為（照光）或（照紅光），可使 Pr → Pfr，故種子萌芽

(C) 幼苗受光照使 Pr → Pfr，故吉貝素減少，節間變短

(D) 短夜植物照光使 Pr → Pfr 促使開花

(E) 長夜植物照紅光使 Pr → Pfr，故不易開花

31. **CD**

【解析】台灣鐵杉產於中央山脈，故位於丙；紅樹林產於西海岸河口，故位於甲、乙、丁。故本題選 (C) (D)

32. **DE**

【解析】(A) 溫度高，氣孔關閉

(B) 土壤水分不足，會促使保衛細胞 TP 下降，氣孔關閉

(C) 吉貝素與氣孔開閉無關

33-34為題組

33. **ACD**

【解析】 (A) (C) (D) 三者為水溶性激素，故為第一類機制，與膜上受體結合再引發第二信使，激發生理反應

34. **AD**

【解析】 (A) (B) (D) 激素無法進入細胞，故與膜上受體結合引發 cAMP 為第二信使

(C) 第二信使直接引發一系列生化反應，並未調節基因表現

(E) 必需要有第二信使，才會引發化學反應

35. **CE**

【解析】 本題之固碳作用是指 CAM 植物的整個光合作用、固碳作用的過程

(A) 夜間儲存 CO_2，白天進行光反應與卡爾文循環，故日、夜均要

(B) 固碳反應是釋出水

(C) 夜間儲 CO_2 於液泡中

(D) 本題敘述固碳反應，非光反應

(E) 固碳反應會消耗光反應產生之能量

三、閱讀題

閱讀一

36. **A**

【解析】 見文章第一段

37. **C**

【解析】 見文章第二段

38. BD 或 BDE

【解析】 (B) (E) 見文章第二段，(D) 為常識，因為幽門桿菌生存
於強酸性環境

閱讀二

39. C

【解析】 見文章第二段即造成去極化

40. AC

【解析】 見文章第三段

41. B

【解析】 見文章第三段

閱讀三

42. AD

【解析】 (A) S 型族群成長需要時間才能達到族群數夠大，才能
衝擊當地生態

(B) 先驅者效應是指較小的族群數建立的新族群，故無
法衝擊當地生態

(C) 突變是單一個體少數基因，故無法在生態產生衝擊

(D) Allee 效應，也是要等一段時間族群數夠大才能衝
擊當地生態

(E) 雜交優勢是新產生的特性，而非原有存在的特性，
故合題義

43. **B**

　　【解析】 Allee 效應的族群小，故需多次引入才會出現族群擴張

44. **A**

　　【解析】 因為由多個來源地引入必為不同基因遺傳性，才會產
　　　　　　 生雜交、繁殖、擴大族群

第貳部分：非選擇題

一、【解答】　1. 低，低
　　　　　　 2. 增加，增加
　　　　　　 3. 因為呼吸頻率過高，排除過多二氧化碳，導致血液
　　　　　　　　 pH 值上升；腎臟
　　　　　　 4. 增加

二、【解答】　1. A
　　　　　　 2. X 軸：年齡百分比，Y 軸：每一千個個體存活數；A
　　　　　　 3. 丁

三、【解答】　1. ①調節基因，③啓動子，⑤操作子
　　　　　　 2. ②抑制蛋白，F
　　　　　　 3. 是
　　　　　　 4. C、D

四、【解答】　1. 聯鎖
　　　　　　 2. 50%
　　　　　　 3. 40%
　　　　　　 4. 20%

100學年度指定科目考試（生物）

大考中心公佈答案

題號	答案	題號	答案	題號	答案
1	A	21	AC	41	B
2	C	22	BE	42	AD
3	C	23	BCD	43	B
4	B	24	CE 或 ACE	44	A
5	B	25	ADE		
6	A	26	BDE		
7	C	27	ADE		
8	D	28	BCE		
9	C	29	BE		
10	D	30	BCD		
11	D	31	CD		
12	D	32	DE		
13	A	33	ACD		
14	D	34	AD		
15	A	35	CE		
16	B	36	A		
17	B	37	C		
18	B	38	BD 或 BDE		
19	C	39	C		
20	A	40	AC		

100 學年度指定科目考試
各科成績標準一覽表

科　目	頂　標	前　標	均　標	後　標	底　標
國　文	71	66	59	50	42
英　文	79	69	51	33	23
數學甲	82	71	51	32	20
數學乙	86	75	55	34	22
化　學	75	66	51	37	29
物　理	83	73	53	34	25
生　物	77	69	54	41	32
歷　史	77	70	59	48	39
地　理	71	66	58	48	40
公民與社會	77	72	64	55	48

※ 以上五項標準均取為整數（小數只捨不入），且其計算均不含缺考生之成績，
　計算方式如下：

　頂標：成績位於第 88 百分位數之考生成績。
　前標：成績位於第 75 百分位數之考生成績。
　均標：成績位於第 50 百分位數之考生成績。
　後標：成績位於第 25 百分位數之考生成績。
　底標：成績位於第 12 百分位數之考生成績。

例：　某科之到考考生為 99982 人，則該科五項標準為

　　頂標：成績由低至高排序，取第 87985 名（99982×88%=87984.16，取整數，
　　　　　小數無條件進位）考生的成績，再取整數（小數只捨不入）。

　　前標：成績由低至高排序，取第 74987 名（99982×75%=74986.5，取整數，
　　　　　小數無條件進位）考生的成績，再取整數（小數只捨不入）。

　　均標：成績由低至高排序，取第 49991 名（99982×50%=49991）考生的成績，
　　　　　再取整數（小數只捨不入）。

　　後標：成績由低至高排序，取第 24996 名（99982×25%=24995.5，取整數，
　　　　　小數無條件進位）考生的成績，再取整數（小數只捨不入）。

　　底標：成績由低至高排序，取第 11998 名（99982×12%=11997.84，取整數，
　　　　　小數無條件進位）考生的成績，再取整數（小數只捨不入）。

九十九年大學入學指定科目考試試題
生物考科

第壹部分：選擇題（佔71分）

一、單選題（20分）

說明：第1題至第20題，每題選出一個最適當的選項，標示在答案卡之「選擇題答案區」。每題答對得1分，答錯或劃記多於一個選項者倒扣1/3分，倒扣到本大題之實得分數為零為止。未作答者，不給分亦不扣分。

1. 下列哪一種分子為細胞膜的主要成分？
   (A) 醣　　　　(B) 蛋白質　　　　(C) 磷脂質　　　　(D) 核酸

2. 下列哪一種來源的細胞其分化能力最強？
   (A) 骨髓幹細胞　　　　　　(B) 胚胎幹細胞
   (C) 造血幹細胞　　　　　　(D) 神經幹細胞

3. 下列有關人類血型的敘述，何者正確？
   (A) 血漿中的 A 抗體是基因 I^A 的表現型
   (B) 紅血球表面的 B 抗原是基因 I^B 的表現型
   (C) 同時表現 A、B 抗原的 AB 型者為中間型遺傳
   (D) 血型性狀由 I^A、I^B、i 等位基因控制，為多基因遺傳

4. 下列有關 DNA、RNA 化學組成的敘述，何者正確？
   (A) 兩者的嘌呤種類皆相同　　　(B) 兩者的嘧啶種類皆相同
   (C) 兩者有相同的五碳糖
   (D) 兩者的嘌呤總量皆等於嘧啶總量

5. 控制果蠅翅膀長度與體色性狀的基因聯鎖在同一條染色體上，相距 20 個互換單位。若同基因型的長翅黑身（VVbb）雌果蠅與短翅灰身（vvBB）雄果蠅交配，所得子代（VvBb）雌果蠅再與一短翅黑身（vvbb）雄果蠅交配。下列後代表現型的比例，何者正確？

(A) 長翅灰身佔 10%　　　　(B) 短翅黑身佔 20%

(C) 長翅黑身佔 10%　　　　(D) 短翅灰身佔 20%

6-7為題組

　　圖 1 為電磁波與可見光之光譜圖。某種虛擬深海烏賊視覺僅能偵測紫外光，且其視神經受到光的激發後會去極化產生動作電位。若將這種烏賊之眼球及其視神經取出，並於黑暗中把少量放射性鉀離子注入視神經細胞內，然後置於生理食鹽水中進行實驗。

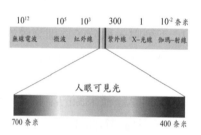

圖1　電磁波與可見光光譜圖

6. 照射下列何種波長的光線會造成生理食鹽水中含有放射性物質？

(A) 300 奈米　　　　(B) 10 微米

(C) 500 奈米　　　　(D) 50 微米

7. 照光引起生理食鹽水出現放射性物質的主要原因為何？

(A) 視神經去極化使鉀離子進入細胞

(B) 視神經過極化使鉀離子擴散出去

(C) 視神經細胞膜對鉀離子的通透性降低

(D) 視神經產生動作電位，鉀離子於再極化時流出

8. 子宮內膜在月經週期會逐漸增厚，此與下列何種激素直接作用有關？
   (A) 腎上腺素與甲狀腺素
   (B) 動情素（estrogen）與黃體激素（progesterone）
   (C) 促性腺素釋放素（GnRH）
   (D) 促濾泡成熟素（FSH）與黃體成長素（LH）

9. 下列哪一種感覺受器可接受化學分子的刺激？
   (A) 壓覺　　　(B) 觸覺　　　(C) 嗅覺　　　(D) 本體感覺

10. 下列何種腺體及其所分泌的激素與人體生理時鐘有關？
    (A) 腎上腺髓質分泌腎素　　　(B) 松果腺分泌褪黑激素
    (C) 下視丘分泌釋放激素　　　(D) 腦下腺分泌甲狀腺素

11. 下列何者<u>不會</u>隨著生物群集的消長而改變？
    (A) 氣候　　　　　　　　　(B) 能量流轉
    (C) 物種組成　　　　　　　(D) 生物間的交互作用

12. 近年來科學家在中國東北遼寧的地層中發現一種植物化石，經檢視後將其歸類為被子植物，並認為是目前已知最古老的被子植物，其最主要依據為何？
    (A) 有維管束　　　　　　　(B) 有種子
    (C) 胚珠被類似子房的構造包裹
    (D) 有花粉

13. 太平洋某小島上有居民 1000 人，調查其中某基因座之等位基因頻度，發現隱性同型合子者有 40 人。若族群中此基因座僅有兩種等位基因，則族群中異型合子有多少人？
    (A) 80人　　　(B) 320人　　　(C) 640人　　　(D) 960人

14. 羽扇豆又稱魯冰花，是一種豆科植物，農民常種植於田間或茶園，其最主要用意為何？
    (A) 固氮
    (B) 觀賞
    (C) 抑制雜草生長
    (D) 作為蔬菜食用

15. 外來種引進後若能在野外大量繁殖，以致影響當地原生物種的生存，就稱為入侵種。下列有關入侵種的敘述，何者**錯誤**？
    (A) 可能影響本地生物群集的生態平衡
    (B) 可能與本地種互相雜交而改變本地種的基因組成
    (C) 可能與生態系中相同生態地位的本地種互相競爭，並排擠本地種的生存
    (D) 該物種由於生育環境改變，可能受強烈天擇作用而迅速演化成新的物種

16. 光自營生物藉由光合作用獲得能量和養分，以維持生活。下列有關光反應之敘述，何者正確？
    (A) 水分解而釋放出的電子用來合成葡萄糖
    (B) 光系統 II（PSII）釋出的電子會傳至水分子
    (C) 藉由 RuBP 和 CO_2 使光反應和碳反應相連結
    (D) 參與 NADPH 合成的電子，最終來源為水分子

17. 下列有關植物體內水的吸收與運輸之敘述，何者正確？
    (A) 泌溢作用（溢水作用）可直接幫助植物體運輸水分
    (B) 高大的植物可藉由根壓將水像唧筒抽水般輸送至樹冠頂
    (C) 蒸散作用產生的拉力促使木質部內的水柱不斷的往上輸送
    (D) 根毛吸收的水和無機鹽可沿著細胞壁和細胞間隙輸送逕入中柱

18. 下列有關植物激素（荷爾蒙）的敘述，何者正確？
    (A) 乙烯會誘導植物體內離層素的生成，而使老葉脫落
    (B) 細胞分裂素存在植物的根尖，而植物生長素則僅存在莖頂
    (C) 離層素若增加，會促使保衛細胞膨壓上升，而使氣孔關閉
    (D) 吉貝素可以打破種子休眠，而離層素卻可以使種子保持休眠

19. 下列有關脂質之敘述，何者**錯誤**？
    (A) 脂肪酸為細胞能量來源之一
    (B) 動物性脂肪含飽和脂肪酸之量較高
    (C) 脂肪具有保持體溫及減緩內臟受撞擊之功能
    (D) 多食用含不飽和脂肪酸之脂肪，將會提高罹患冠狀動脈心臟
        病的機率

20. 下列何種病原菌與胃潰瘍之發生有關？
    (A) 大腸桿菌　　(B) 霍亂弧菌　　(C) 幽門桿菌　　(D) 肉毒桿菌

二、多選題（30 分）

說明：第 21 題至第 35 題，每題各有 5 個選項，其中至少有一個是正確
　　　的。選出正確選項，標示在答案卡之「選擇題答案區」。每題
　　　2 分，各選項獨立計分，每答對一個選項得 0.4 分，每答錯一
　　　個選項倒扣 0.4 分，完全答對得 2 分，整題未作答者，不給分
　　　亦不扣分。在備答選項以外之區域劃記，一律倒扣 0.4 分。倒
　　　扣到本大題之實得分數為零為止。

21. 下列有關 DNA 轉錄的敘述，哪些正確？
    (A) 最終產物為 RNA　　　　　(B) 用 DNA 一股作模板
    (C) 由 DNA 聚合酶所催化　　　(D) 合成原料和 DNA 複製時相同
    (E) 新合成的核苷酸鏈與模板序列互補

22. 下列哪些構造含有核酸分子？
    (A) 溶體　　　　　(B) 葉綠體　　　　(C) 粒線體
    (D) 核糖體　　　　(E) 高基氏體

23. 下列哪些分子直接參與人體專一性防禦？
    (A) 補體　　　　　(B) 抗體　　　　　(C) 干擾素
    (D) 組織胺　　　　(E) T 細胞受體

24. 下列哪些分子直接參與蛋白質的合成？
    (A) 胺基酸　　　　(B) mRNA　　　　(C) tRNA
    (D) DNA　　　　　(E) RNA聚合酶

25. 胃液是由胃腺所分泌。下列有關胃液的敘述，哪些正確？
    (A) 胃液可以消化醣類和脂肪
    (B) 胃蛋白酶只能在酸性環境下作用
    (C) 胃液包括有胃泌素、胃蛋白酶及鹽酸
    (D) 胃液的分泌受到神經及激素的調控
    (E) 十二指腸黏膜會分泌腸抑胃泌素，經由腸蠕動逆流入胃，
        而抑制胃液分泌

26. 下列哪些情況會促使哺乳動物增加抗利尿激素的分泌量？
    (A) 血壓升高時　　　　　　　　(B) 身體缺水且口渴時
    (C) 喝了大量的水之後　　　　　(D) 血液的總體積增加時
    (E) 血液中的滲透濃度增高時

27. 呼吸作用的主要功能是維持血中氣體
    含量的恆定，依氧與二氧化碳解離曲
    線，血中氣體含量可以分壓表示。若
    呼吸作用的結果與血中氧分壓和二氧
    化碳分壓變化的關係如圖 2 所示，縱

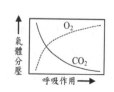

圖2 呼吸與血中氣體恆定關係

軸向上箭頭表示氧分壓和二氧化碳分壓升高，而橫軸向右箭頭表示呼吸作用增加，下列敘述哪些正確？

(A) 血中氧分壓增加會促進呼吸作用，導致二氧化碳分壓升高

(B) 血中二氧化碳分壓升高會抑制呼吸作用，導致氧分壓升高

(C) 血中氧分壓降低與二氧化碳分壓升高會引起反射，增強呼吸作用

(D) 呼吸作用增強，會同時促使血中的氧分壓升高與二氧化碳分壓降低

(E) 麻醉時呼吸作用降低，會導致血中氧分壓與二氧化碳分壓同時降低

28. 下列有關鈣離子生理作用的敘述，哪些正確？

(A) 參與血液的凝固作用

(B) 當它從神經細胞出來時引起再極化

(C) 在消化道與鈉離子共同協助葡萄糖吸收

(D) 是神經系統中傳遞神經衝動不可缺少的離子

(E) 是骨骼肌與心臟肌收縮所必須的離子

29. 酵素的活性可以反應速率來代表。在一定生理範圍內，下列有關影響酵素活性之敘述，哪些正確？

(A) 受質濃度會影響酵素活性

(B) 重金屬離子會影響酵素活性

(C) 輔酶是一種小蛋白質，可影響酵素活性

(D) 酸鹼變化會影響酵素的活性

(E) 溫度愈高酵素活性愈強

30. 下列哪些構造不存在於原核生物細胞？

(A) 細胞核　　　(B) 粒線體　　　(C) 核糖體

(D) 高基氏體　　(E) 細胞壁

31. 下列有關維管束形成層之敘述，哪些正確？
    (A) 細胞形態扁平，細胞質濃
    (B) 只存在於雙子葉植物的莖部，可使莖加粗
    (C) 多年生木本植物的樹皮是指莖部維管束形成層外圍的所有組織
    (D) 是薄壁細胞，可以分裂並分化出各種類型的細胞
    (E) 在細胞分裂後，外側的細胞會分化成木質部，內側的細胞則分化為韌皮部

32. 下列有關達爾文演化論的敘述，哪些正確？
    (A) 生物族群都有過度繁殖的趨勢
    (B) 族群的成長不受環境資源的限制
    (C) 族群中某些成員具有較強的適應性
    (D) 具有較強適應性的個體具有生殖的優勢
    (E) 個體因適應環境而改變的性狀可以經由生殖作用傳遞給後代

33. 下列有關被子植物的生殖與果實發育之敘述，哪些正確？
    (A) 蘋果的果柄即為原來的花梗
    (B) 種子的數目常為胚珠數目的兩倍或四倍
    (C) 西瓜的內、中和外果皮皆是由子房壁發育而來的
    (D) 雙子葉植物為雙重授精，單子葉植物為單重授精
    (E) 被子植物產生大、小孢子時會進行減數分裂，但產生卵和精子時卻不會進行減數分裂

34. 植物的花粉飄散後會隨著時間逐漸沉積在地層中。科學家研究台灣某一高山湖泊沉積物內的化石花粉，藉以瞭解古氣候之變遷，結果發現沉積物的下半段有較多殼斗科植物的花粉，上半段則有較多冷杉的花粉。下列敘述，哪些正確？
    (A) 此高山湖泊發育的早期氣候溫暖，晚期氣候寒冷

(B) 此高山湖泊發育的早期氣候寒冷，晚期氣候溫暖

(C) 殼斗科植物生長於闊葉林生態系中，林下常長著裸子植物

(D) 若冷杉林與玉山箭竹伴隨生長，則上半段湖泊沉積物內應有玉山箭竹的花粉

(E) 此高山湖泊發育的早期，湖泊周圍的森林是以冷杉為主，晚期則以殼斗科植物為主

35. 下列有關骨骼與肌肉之敘述，哪些正確？

(A) 節肢動物具有內骨骼　　　　(B) 心肌屬於不隨意肌之一種

(C) 肌肉收縮之能量直接來自 ATP 水解

(D) 脊椎動物之骨骼與免疫功能有相當大的關聯

(E) 內臟肌肉之橫紋是由於肌動蛋白之規則排列所造成

三、閱讀題（21 分）

說明：　第 36 題至第 44 題，包含單選題與多選題，單選題有四個選項，多選題有五個選項，每題選出最適當的選項，標示在答案卡之「選擇題答案區」。單選題每題答對得 2 分，答錯或劃記多於一個選項者倒扣 2/3 分。多選題每題答對得 3 分，各選項獨立計分，每答對一個選項，可得 0.6 分，每答錯一個選項，倒扣 0.6 分，完全答對得 3 分，整題未作答者，不給分亦不扣分。倒扣到本大題之實得分數為零為止。

閱讀一

　　哺乳動物心肌細胞的增生潛能有限，急性傷害時損傷的心肌無法適當再生，會出現纖維化及疤痕，而影響心臟功能。從大鼠胚胎的心臟發育研究中，科學家發現在心臟生長時，p38 MAP 激酶（kinase）的活性極低，而當心臟肌肉細胞生長減緩或停止時，p38 MAP 激酶的活性最高，故科學家推測，p38 MAP 激酶的功能可能與終止細胞分裂有關。

　　當科學家把 p38 MAP 激酶抑制劑與纖維母細胞生長因子1（FGF1）搭配在一起，來處理急性心肌受傷的大鼠，可成功的誘導大鼠心肌細胞增生。FGF1 可與心肌細胞膜上的 FGF1 受器結合，刺激心肌細胞的生長。急性心肌損傷的大鼠接受 4 個星期的 FGF1 與 p38 MAP 激酶抑制劑治療後，心臟功能顯著改善。但單獨使用 p38 MAP 激酶抑制劑治療時，雖然可促進心肌細胞分裂，但無法改善心臟功能。FGF1 可能因為可以增進血管新生（angiogenesis），而增進再生心肌細胞的存活。以上實驗結果顯示，混合使用 p38 MAP 激酶抑制劑與 FGF1 生長因子的雞尾酒式藥物組合，可能可以用來增進缺血性心臟病患者的心肌損傷修復。

依據上文內容和習得的知識，回答第 36-38 題：

36. 心肌受到急性傷害時，無法適當再生的最可能原因為何？
　　(A) p38 MAP 激酶的活性過低
　　(B) p38 MAP 激酶的活性過高
　　(C) FGF1 活性過低
　　(D) FGF1 活性過高

37. 下列關於文中雞尾酒式藥物的敘述，何者正確？
　　(A) 以雞尾酒來當藥物　　　　(B) 可成功修復人的心臟
　　(C) 可促進大鼠心臟發育　　　(D) 以兩種藥組合起來當作藥物

38. 下列哪兩項可能可以混合用來治療急性心肌損傷？
　　(A) FGF1　　　　　　　　　　(B) FGF1 受器抑制劑
　　(C) p38 MAP 激酶　　　　　　(D) 細胞分裂抑制劑
　　(E) p38 MAP 激酶抑制劑

閱讀二

　　失智症是德國醫生 Alzheimer 在 1906 年發現，中譯為阿茲海莫症（Alzheimer disease），俗稱老人痴呆症。病人的記憶與認知機能衰退，行為偏差，甚至有些狂想，逐漸喪失了適應社會生活的能力。隨病情惡化，運動機能漸差，步伐緩慢、不穩，動作協調不佳，宛如巴金氏症（Parkinson disease）。1960 年代，學者發現病人的中樞乙醯膽鹼細胞發生病變，尤其是從皮層下組織投射到大腦皮層和腦邊緣系統的膽鹼性神經徑路明顯退化，顯示涉及這種疾病的神經傳遞物不只一種，異於巴金氏症。

　　病患的中樞神經組織有神經斑（plaque）與纖維結（tangle），這是神經細胞病變後與一些物質糾纏一起而形成。神經斑含有 Aβ 蛋白質（簡稱 Aβ），纖維結則有 tau 蛋白質。Aβ 是由 40-42 個胺基酸組成，其前驅物是跨膜蛋白質 APP。Aβ 剛形成時具可溶性，過量時會與其他物質結合，而沉積在細胞外。發炎反應及粒線體氧化壓力（oxidative stress）過度皆會加速 Aβ 的沉積過程。更嚴重的是分解乙醯膽鹼的乙醯膽鹼酯酶會加速不溶性 Aβ 的沉積。

依據上文內容和習得的知識，回答第 39-41 題：

39. 下列有關阿茲海莫症的敘述，何者正確？
　　(A) 與乙醯膽鹼神經元退化有關
　　(B) 僅與一種神經傳遞物缺乏有關
　　(C) 發病原因極可能類似巴金氏症
　　(D) 當乙醯膽鹼酯酶活性降低時就可能發生

40. 下列哪一敘述**不是**阿茲海莫症病人的共同特徵？
    (A) 記憶衰退、運動功能差、步伐緩慢
    (B) Aβ 前驅物 APP 蛋白質聚集在神經細胞外
    (C) Aβ 可能聚集起來並參與神經斑的形成
    (D) 組織構造顯示中樞神經細胞外出現神經斑

41. 依神經生化學家的研究成果來推論，下列哪些策略對阿茲海莫症病患可能是有利的？（應選三項）
    (A) 使用抗發炎藥物
    (B) 利用藥物提昇粒線體氧化壓力
    (C) 阻止神經細胞向外延伸 APP 蛋白質
    (D) 阻止可溶性 Aβ 轉變成不溶性的蛋白質
    (E) 增強乙醯膽鹼活性或降低其被乙醯膽鹼酯酶分解

閱讀三

　　植物雖不能動，但卻具有某些防禦機制以對抗外界的傷害，如利用體表的毛、刺、幾丁質或木栓質來保護植株本身免於受傷害；也會利用囊泡內的次級代謝物（如植物鹼和單寧酸等）來防禦掠食者；更會分泌化學物質抑制別種植物的種子萌芽或生長，以降低資源競爭。有些植物的次級代謝物可用於製藥，如奎寧（quinine）。無論草食動物或侵略者是否存在，這些防禦構造或化學物質一直存在植物體。

　　傷害也可誘導植物產生防禦機制，如葉片被寄生蜂咬傷時，植物會快速產生與草食動物消化酵素結合的蛋白酶抑制劑。從蕃茄的實驗結果得知，受傷的葉子會將系統素前驅蛋白切割出由 18 個胺基酸組成的系統素（systemin），經由受傷組織的細胞壁或細胞間隙運

輸到鄰近的韌皮部，再傳送到整個植物體。系統素會與細胞膜的受器結合，引起細胞內產生茉莉酸（jasmonic acid），並傳訊給細胞核內相關的基因，使整株植物產生蛋白酶抑制劑，達到防禦的效果。

依據上文內容和習得的知識，回答第 42-44 題：

42. 蕃茄葉不宜食用，除了葉表面有毛和纖維粗而難吞嚥之外，下列何者為主要原因？
   (A) 不含有用的營養成分，卻含有茉莉酸
   (B) 細胞囊泡內含定量的化學毒素，使人生病
   (C) 組織受傷時，會產生植物鹼和單寧酸，使人生病
   (D) 組織受傷時，會產生蛋白酶抑制劑，抑制消化酵素的功能

43. 茉莉酸在系統素所引起的防禦機制類似動物細胞中的何種分子或角色？
   (A) 誘導物　　　　　　　　(B) 轉錄因子
   (C) 第二傳訊者　　　　　　(D) 第一傳訊者

44. 下列有關蕃茄誘導防禦機制之敘述，哪些正確？（應選三項）
   (A) 植物體受傷時，會誘導系統素的產生
   (B) 系統素與茉莉酸結合而活化防禦機制
   (C) 系統素在細胞壁和細胞間隙移動，進入韌皮部而傳遍全株
   (D) 系統素將訊息直接傳遞給細胞核內相關的基因，並令其產生蛋白質抑制劑
   (E) 茉莉酸將訊息傳遞給細胞核內的特定基因，並進而在細胞質內製造蛋白酶抑制劑

第貳部分：非選擇題（佔 29 分）

說明： 本大題共有四題，作答都要用筆尖較粗之黑色墨水的筆書寫。
答案務必寫在「答案卷」上，並於題號欄標明題號（一、二、
三、四）與子題號（1、2、…）。作答時不必抄題。每題配分
標於題末。

一、 利用遺傳工程技術，可將不同來源的 DNA 組合起來，建構出
重組 DNA。試回答下列問題。

   1. 遺傳工程技術利用酵素以切割 DNA。請問這種酵素是 (a) 來
自哪一類生物？（1分）(b) 其名稱爲何？（1分）

   2. 利用 PCR 技術來擴增目標基因時，請問 (a) 所使用的酵素名
稱爲何？（1分）(b) 在對溫度的敏感性質上，此酵素有何特
性？（1分）

   3. 能用來接合目標基因的構造稱爲載體，請寫出兩種載體的名
稱。（2分）

   4. 在建構重組 DNA 過程中，請問 (a) 能接合目標基因和載體
的酵素名稱爲何？（1分）(b) 哪一類原核生物常被用來大量
複製重組 DNA？（1分）

二、 副交感神經活性對協調動物或人體的內臟功能扮演重要角色，
試以副交感神經活性增強時的狀況回答下列問題。

   1. 對心跳速率會有什麼影響？（1分）

   2. 對血壓會有什麼影響？（1分）

   3. 影響心跳與血壓的副交感神經是屬於哪一對腦神經？（1分）

   4. 對瞳孔直徑大小會有什麼影響？（1分）

   5. 副交感神經節後神經纖維所釋放之神經傳遞物爲何？（1分）

三、 人體內鈉離子恆定非常重要，主要由腎臟調節，圖3 是一個腎
　　元的構造示意圖。試回答下列問題。

　　1. 血漿中的鈉離子濃度是 150 mmol/L。
　　　　血液從腎動脈流經腎臟時發生
　　　　過濾作用（圖3 箭號所示）。
　　　　若平均每分鐘有 125 mL 的血
　　　　漿從絲球體過濾入腎小管，則
　　　　每天腎臟過濾的鈉離子是多少
　　　　mmol？（2分）

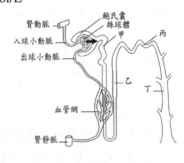

圖3　腎元構造示意圖

　　2. 若常人每天從尿液中排出的鈉離子約 150 mmol，則
　　　　(a) 腎臟對鈉離子的再吸收量是多少 mmol？（1分）
　　　　(b) 再吸收率是多少百分比？（1分）

　　3. 腎臟再吸收鈉離子是發生在圖中甲、乙、丙和丁的哪些
　　　　管段？（2分）

　　4. 醛固酮可促進哪些管段對鈉離子的再吸收？（2分）

四、 台灣中部某山區於 25 年前發生森林火災，焚燬所有林木。歷
　　經長期消長之後，某生態學者於今年在該地進行生態調查，
　　得到結果如表1，表內數字為各樹種不同年齡級的株數。試
　　回答下列問題。

表1　四種不同樹種在不同樹齡的株數分佈

株數　樹齡(年)　樹種	1–2	3–4	5–6	7–8	9–10	11–12	13–14	15–16	17–18	19–20	21–22
赤楊	0	2	5	8	12	20	25	19	14	9	4
櫟樹	21	15	10	7	5	4	2	0	0	0	0
松樹	0	0	0	5	7	11	13	10	5	3	2
杜鵑	2	2	3	1	3	3	4	1	3	2	1

1. 目前此一森林中松樹族群是屬於族群成長曲線（圖4）A、B、C 及 D 中的哪一時期？（2分）

2. 若以大樹（年齡＞5年）的數量作為森林中樹種優勢度的指標，則目前此一森林中最優勢的植物為何？（2分）

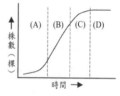

圖4　族群成長曲線

3. 若此森林不受干擾任其自然消長，則再過 25 年後上列四種木本植物中，何者將成為此森林的優勢植物？（2分）

4. 上列四種植物中，哪兩種是火災後出現的先驅群集優勢樹種？（2分）

九十九年度指定科目考試生物科試題詳解

第壹部分：選擇題

一、單選題

1. **C**

　　【解析】 此題為細胞膜構造的基本觀念題

2. **B**

　　【解析】 胚胎幹細胞為所有細胞的最原始來源，故分化能力最強

3. **B**

　　【解析】 (A) 血型基因的表現於血球表面抗原，與抗體無關

　　　　　　 (C) 基因同時表現為等顯性

　　　　　　 (D) 由 2 個以上基因型式，但仍由一對基因來決定性狀，
　　　　　　　　 此為複對偶基因遺傳

4. **A**

　　【解析】

	DNA	RNA
(A) 嘌呤種類	A、G	A、G
(B) 嘧啶種類	T、C	U、C
(C) 五碳糖	去氧核糖	核糖
(D) 嘌呤總量 = 嘧啶總量	雙股，故 A＋G＝T＋C	單股，故 A＋G 不一定等於 U＋C

5. **A**

　　【解析】 由題意可得知，F_1 為 $\genfrac{}{}{0pt}{}{V}{b} {\Huge+}{\Huge+} \genfrac{}{}{0pt}{}{v}{B}$ ，故（♀）$\genfrac{}{}{0pt}{}{V}{b} {\Huge+}{\Huge+} \genfrac{}{}{0pt}{}{v}{B}$

　　　　　　與（♂）$\genfrac{}{}{0pt}{}{v}{b} {\Huge+}{\Huge+} \genfrac{}{}{0pt}{}{v}{b}$ 交配

　　　　(1) V、b 相距 20 個互換單位，則互換率＝20%

　　　　(2) ♀果蠅產生配子為 Vb：VB：vb：Vb

　　　　　　＝40：10：10：40

　　　　(3) ∴與♂果蠅試交後之 F_2 為

　　　　　　Vvbb：VvBb：vvbb：vvBb＝40：10：10：40

　　　　故僅 (A) 正確

6-7為題組

6. **A**

　　【解析】 因題意中可知

　　　　(1) 當偵測紫外光時，才會發生去極化

　　　　(2) 由題意（圖形）可知紫外光是短於 400 奈米，

　　　　　　故選 (A)

　　　　(B) 10 微米＝10000 奈米（大於 400 奈米）

　　　　(C) 500 奈米＞400 奈米

　　　　(D) 50 微米＝50000 奈米（大於 400 奈米）

7. **D**

　　【解析】 (A) 食鹽水中出現鉀離子，為鉀離子離開細胞

　　　　　　(B) 鉀離子出去，使極化現象轉變為過極化現象

　　　　　　(C) 鉀離子可離開神經細胞，故通透性應該增加

8. **B**

【解析】 此題為基本觀念題，腦下腺 $\xrightarrow{\text{控制}}$ 卵巢 $\xrightarrow{\text{控制}}$ 子宮

(A) 與子宮內膜無關

(C) (D) GnRH = FSH + LH，而此二者皆作用於卵巢

9. **C**

【解析】 此題考化學感覺，故選 (C)

10. **B**

【解析】 此題完全記憶

11. **A**

【解析】 消長會造成生態系中的生物組成改變，而 (B) (C) (D) 皆與生物組成有關，故 (A) 影響最小

12. **C**

【解析】 被子植物最重要分類依據在於「是否具子房保護胚珠」，故本題選 (C)

13. **B**

【解析】 由題中知，$aa = \dfrac{40}{1000}$，故 $a = 0.2$，又 $A + a = 1$

$\therefore A = 1 - a = 0.8$

故 $Aa = 2 \times 0.8 \times 0.2 = 32\%$

$\therefore$ 此島異型合子人數 = $1000 \times 32\% = 320$（人）

14. **A**

【解析】 此題在考豆科植物與根瘤菌常會共生，而根瘤菌會行固氮給予豆科植物利用

15. **D**

【解析】 (1) (C) 若強調相同生態地位，則 (C) 錯誤

(D) 若強調變化環境較穩定環境演化快速，

則 (D) 正確

(2) (C) 若強調入侵種會取代原有種的生態地位，

則 (C) 正確

(D) 若強調一種生物在同一環境中，經天擇而不隔

離，則不會產生新種，則 (D) 錯誤

16. **D**

【解析】 (A) (B) (D) 水分解釋放的 e^- 提供給 PSII，將來進行非循

環電子傳遞鏈，最後 e^- 被 $NADPH_2$ 接收

(C) 光反應、暗反應的連接，與能量（ATP、$NADPH_2$）

有關

17. **C**

【解析】 (A) ① 水分運輸的力量，來自毛細作用、根壓與蒸散作

用

② 而泌溢作用為蒸散不旺盛，但根壓的持續作用，

導致水由葉邊緣的排水孔泌出而造成的現象

(B) 根壓力量無法送至喬木頂端

(D) 因內皮具卡氏帶，故物質依質體外運輸時通常僅送

至內皮細胞壁，而後入內皮細胞內繼續運輸

18. **D**

【解析】 本題為植物激素的分佈及功用，故純為記憶

(A) 乙烯直接誘導離層形成

(B) IAA 在根尖、莖頂的分生組織（生長點）皆可發現

(C) ABA 上升，會使 K^+ 不易堆積細胞內→導致 O.P.下降，使水滲透至細胞外→T.P.下降→保衛細胞萎縮，氣孔關閉

19. **D**

【解析】 (D) 應與飽和脂肪酸比例有關

20. **C**

【解析】 基本常識

二、多選題

21. **ABE**

【解析】 此題考 DNA 轉錄之基本觀念

(C) 轉錄目的在做出 RNA，故需利用 RNA 聚合酶

(D) 合成 RNA 之原料為「核糖核苷三磷酸」，而合成 DNA 之原料為「去氧核糖核苷三磷酸」

22. **BCD**

【解析】 (B) (C) 為內共生胞器，故具 DNA 及 RNA

(D) 核糖體由 rRNA 及蛋白質組成

而 (A) (E) 不含核酸

23. **BE**

【解析】 ① 專一性防禦與淋巴球作用有關，故 (B) (E) 要選

② 而 (A) (C) (D) 皆為非專一性防禦

24. **ABC**

【解析】 此題在考「轉譯」時所需參與的分子，故 (A) (B) (C) 要
選

25. **BD**

【解析】 (A) 胃液僅能初步分解蛋白質

(C) 胃泌素為激素，利用血液運輸，故胃液無此物質

(E) 腸抑胃泌素亦為激素，故也是由血液運送至胃作用

26. **BE**

【解析】 ADH 增加，多是因體內缺水，O.P.上升所引起，

故選 (B) (E)

27. **CD**

【解析】 由圖可看出，當呼吸越旺盛，則 O_2 分壓越高，而 CO_2
會越低，故此題之呼吸指的是「呼吸運動」而非「呼
吸作用」

(A) O_2 分壓增加，不易引發呼吸

(B) CO_2 分壓增加，會促使呼吸易發生

(E) 呼吸降低，會使 O_2 分壓下降，而 CO_2 分壓會上升

28. **ADE**

【解析】 (B) Ca^{++} 通常為細胞外較多，故不易由細胞內擴散出
去，故不會引發再極化

(C) 應該是鉀離子，而不是鈣離子

(D) 在突觸，前一個神經元突觸終端在釋放傳導物質
時，需 Ca^{++} 參與

29. **ABDE**

　　【解析】因題中強調「在一定生理範圍內」討論，故 (A) (B) (D)
　　　　　　(E) 皆要選
　　　　　　而 (C) 輔酶由 Vit B 及核苷酸組成，非蛋白質

30. **ABD**

　　【解析】(A) (B) (D) 皆由膜組成構造，不可能出現於原核細胞

31. **AC**

　　【解析】(A) 是課本圖形可觀察
　　　　　　(B) 雙子葉根莖皆有形成層
　　　　　　(C) 課本定義形成層以外為樹皮，形成層以內為木材
　　　　　　(D) 維管束形成層為薄壁細胞（非薄壁組織），此敘述
　　　　　　　　正確，而且可分裂分化形成導管、假導管、薄壁細
　　　　　　　　胞、篩管、伴細胞、纖維細胞……多種類型細胞，
　　　　　　　　故筆者認為本答案可選
　　　　　　(E) 外側轉變為韌皮部，內側轉變為木質部

32. **ACD**

　　【解析】(A) 依達爾文所論，演化發生過程為：
　　　　　　　　遺傳變異→「過度繁殖」→生存競爭→適者生存，
　　　　　　　　故依達爾文所述，演化時，族群一定會有過度繁殖
　　　　　　　　的趨勢
　　　　　　(B) 族群生長受環境資源限制，才會發生天擇
　　　　　　(E) 後天改變性狀，通常不會傳給子代

33. **ACE**

【解析】(B) 1 個胚珠發育為 1 個種子

(D) 被子植物皆為雙重受精

34. **AD**

【解析】由題意知：

(1) ① 下半段殼斗科較多，上半段冷杉較多，故下半段時期溫暖，而上半段寒冷。

② 地層越下層，年代越古老。故選 (A)，而 (B) (E) 不選

(2) 殼斗科植物多出現於溫帶落葉林，而裸子植物多出現於針葉林，故 (C) 不選

(3) 同時期出現生物，通常會出現於同一岩層位置，故選 (D)

35. **BCD**

【解析】(A) 節肢動物具幾丁質外骨骼

(D) 骨髓位於骨骼之中，故需選

(E) 內臟肌肉為平滑肌，不具橫紋

三、閱讀題

閱讀一

36. **B** 　　37. **D** 　　38. **AE**

閱讀二

39. **A** 　　40. **B** 　　41. **ADE**

閱讀三

42. **D**　　43. **C**　　44. **ACE**

第貳部分：非選擇題

一、【解答】　1. (a) 細菌（原核）、(b) 限制酶
　　　　　　　2. (a) DNA 聚合酶、(b) 嗜高溫
　　　　　　　3. (a) 細菌質體、(b) 病毒
　　　　　　　4. (a) 接合酶、(b) 大腸桿菌

二、【解答】　1. 減緩心跳速率
　　　　　　　2. 降低血壓
　　　　　　　3. 第 10 對（迷走神經）
　　　　　　　4. 縮小
　　　　　　　5. 乙醯膽鹼

三、【解答】　1. 27000
　　　　　　　2. (a) 26,850、(b) 99.4%
　　　　　　　3. 甲、乙、丙、丁
　　　　　　　4. 丙丁

四、【解答】　1. D
　　　　　　　2. 赤揚
　　　　　　　3. 櫟樹
　　　　　　　4. 松樹、赤楊

九十九學年度指定科目考試（生物）

大考中心公佈答案

題號	答案	題號	答案	題號	答案
1	C	21	ABE	41	ADE
2	B	22	BCD	42	D
3	B	23	BE	43	C
4	A	24	ABC	44	ACE
5	A	25	BD		
6	A	26	BE		
7	D	27	CD		
8	B	28	ADE		
9	C	29	ABDE		
10	B	30	ABD		
11	A	31	AC		
12	C	32	ACD		
13	B	33	ACE		
14	A	34	AD		
15	D	35	BCD		
16	D	36	B		
17	C	37	D		
18	D	38	AE		
19	D	39	A		
20	C	40	B		

九十九學年度指定科目考試
各科成績標準一覽表

科　　目	頂　標	前　標	均　標	後　標	底　標
國　　文	67	62	54	44	36
英　　文	79	69	48	26	13
數學甲	79	65	45	25	14
數學乙	88	78	60	40	22
化　　學	68	57	38	21	12
物　　理	57	43	24	12	6
生　　物	81	73	58	40	28
歷　　史	75	68	57	43	31
地　　理	63	56	46	34	26
公民與社會	52	44	34	23	16

※ 以上五項標準均取為整數（小數只捨不入），且其計算均不含缺考生之成績，
　計算方式如下：

頂標：成績位於第 88 百分位數之考生成績。
前標：成績位於第 75 百分位數之考生成績。
均標：成績位於第 50 百分位數之考生成績。
後標：成績位於第 25 百分位數之考生成績。
底標：成績位於第 12 百分位數之考生成績。

例： 某科之到考考生為 99982 人，則該科五項標準為

　　頂標： 成績由低至高排序，取第 87985 名（99982×88%=87984.16，取整數，
　　　　　小數無條件進位）考生的成績，再取整數(小數只捨不入)。

　　前標： 成績由低至高排序，取第 74987 名（99982×75%=74986.5，取整數，
　　　　　小數無條件進位）考生的成績，再取整數(小數只捨不入)。

　　均標： 成績由低至高排序，取第 49991 名（99982×50%=49991）考生的成績，
　　　　　再取整數(小數只捨不入)。

　　後標： 成績由低至高排序，取第 24996 名（99982×25%=24995.5，取整數，
　　　　　小數無條件進位）考生的成績，再取整數(小數只捨不入)。

　　底標： 成績由低至高排序，取第 11998 名（99982×12%=11997.84，取整數，
　　　　　小數無條件進位）考生的成績，再取整數(小數只捨不入)。

心得筆記欄

九十八年大學入學指定科目考試試題
生物考科

第壹部分：選擇題（佔 71 分）

一、單選題（20 分）

說明：第 1 至 20 題，每題選出一個最適當的選項，標示在答案卡之「選擇題答案區」。每題答對得 1 分，答錯或劃記多於一個選項者倒扣 1/3 分，倒扣到本大題之實得分數為零為止。未作答者，不給分亦不扣分。

1. 下列與精子形成的相關細胞中，何者 DNA 含量最多？
   (A) 精子
   (B) 精細胞
   (C) 初級精母細胞
   (D) 次級精母細胞

2. 細菌 DNA 分子複製時，培養基中若含有 N^{15} 的鹼基，則 N^{15} 會被合成入 DNA 中。一科學家將細菌在 N^{15} 的培養基中繁殖很多代後，再接種於含 N^{14} 的新培養基中培養。下列有關細菌在新培養基中進行細胞分裂的敘述，何者正確？
   (A) 經過一次分裂後，1/4 的細菌具有 N^{15} 的 DNA
   (B) 經過一次分裂後，半數的細菌具有 N^{15} 的 DNA
   (C) 經過二次分裂後，1/4 的細菌具有 N^{15} 的 DNA
   (D) 經過二次分裂後，半數的細菌具有 N^{15} 的 DNA

3. 下列哪一種胞器內含有核糖體，可自製少量本身所需的蛋白質？
   (A) 溶體
   (B) 粒線體
   (C) 內質網
   (D) 高基氏體

4. 下列哪一種染色體數目的異常與單一染色體的無分離相關？
   (A) 2(n-1)　　　　　　　　　(B) 2n-1
   (C) 3(n+1)　　　　　　　　　(D) 3n+1

5. 龜山島是台灣近海的離島，如果發生火山爆發使島上生物全部消失，但陸地仍存在，則下列哪一物種最可能首先棲息在龜山島？
   (A) 麻雀　　　　　　　　　　(B) 蜜蜂
   (C) 蕨類植物　　　　　　　　(D) 鬼針草（咸豐草）

6. 在實驗室中利用定量培養基來培養某蠅類時，其幼蟲數目與羽化為成蠅數目的關係如圖1。試問在培養基中放養多少隻幼蟲時，其存活率超過 50%？
   (A) 30隻
   (B) 40隻
   (C) 50隻
   (D) 60隻

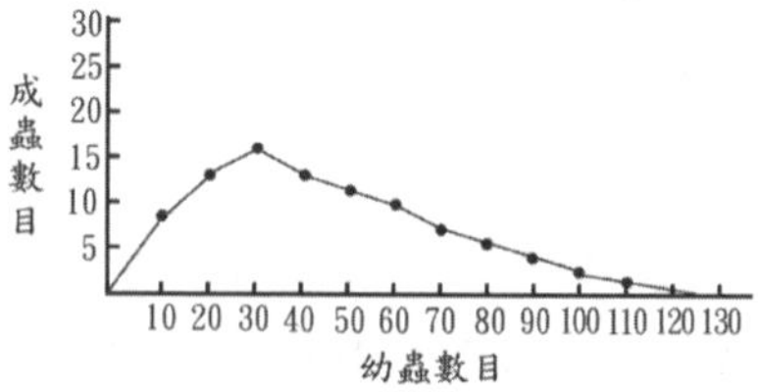

圖 1

7. 如果在台北、台中、高雄、花蓮、台東分別作物種遺傳多樣性調查，下列哪一種台灣原生物種的地區間遺傳差異會最高（假定族群大小及突變率相同，且無天擇之作用）？
   (A) 蝸牛　　　　　　　　　　(B) 麻雀
   (C) 山豬　　　　　　　　　　(D) 紫斑蝶

8. 許多節肢動物幼蟲的頭部堅硬無比，使幼蟲必須蛻掉舊頭殼才能長大，每蛻一次皮稱為增加一齡。有一種毛蟲一生要蛻皮五次才

化蛹，生物學家發現可以利用 Ln Y = 0.387 X – 0.517 的公式來推算毛蟲的齡數。根據這項公式，三齡幼蟲的頭殼寬度最接近下列哪一數值？（Y 為頭殼寬；X 為幼蟲齡數；Ln 為自然對數；Ln 1.3 ≒ 0.26，Ln 1.9 ≒ 0.64，Ln 2.8 ≒ 1.03，Ln 4.1 ≒ 1.41）

(A)　1.3 mm (B)　1.9 mm

(C)　2.8 mm (D)　4.1 mm

9. 有甲、乙、丙三種植物，其花的特徵如表 1。根據表 1 資料，下列有關這三種植物傳播花粉方式的推論，哪一選項正確？

(A) 都是風媒花

(B) 都是蟲媒花

(C) 甲為風媒花，乙和丙為蟲媒花

(D) 甲和乙為風媒花，丙為蟲媒花

表 1

花的特徵	植物種類		
	甲	乙	丙
花瓣顏色	白色	紫色	黃色
花瓣大小	0.3 cm	10 cm	4 cm
氣味	無	強烈腐臭味	濃香味
糖蜜分泌量	無	中等	大量

10. 下列哪一選項所描述的內容為植物的向性反應？

(A) 菊花在秋天開花

(B) 氣孔在白天開張，夜間關閉

(C) 照紅光後，萵苣種子多數發芽

(D) 橫倒的蕃茄盆栽其莖部朝反地心方向生長

11. 阿里山的神木可以生長超過十層樓高，試問其頂層葉片獲取水分的**最主要**途徑為下列哪一選項？
    (A) 大氣中的水氣→氣孔→葉片內部
    (B) 大氣中的水氣→葉片角質層→葉片內部
    (C) 土壤水→根部表皮細胞→根部皮層細胞→根、莖、葉韌皮部→葉片內部
    (D) 土壤水→根部表皮細胞→根部皮層細胞→根、莖、葉木質部→葉片內部

12. 注射疫苗可以預防疾病的最主要原因為下列哪一選項？
    (A) 疫苗可直接殺死病原體
    (B) 疫苗促使人體產生毒素，殺死病原體
    (C) 疫苗促使人體產生與病原體作用的抗體
    (D) 疫苗可固定病原體，有利白血球行胞吞作用

13. 聯絡人體兩個大腦半球之間的神經纖維是下列哪一選項？
    (A) 橋腦　　　(B) 基底核　　　(C) 胼胝體　　　(D) 聯合區

14-15為題組

　　人體血壓維持恆定非常重要，血壓等於心輸出量乘以周邊血管的阻力。心輸出量是每分鐘從一邊心室所輸出的血量，也就是一次心跳所輸出的血量與心跳速率相乘積，受自律神經管制。試根據這樣的關係，回答 14-15 題。

14. 有關降血壓藥物對高血壓病患的降壓作用，下列哪一選項最為可能？
    (A) 增強交感神經活性以降低血管的阻力
    (B) 降低交感神經活性以降低血管的阻力
    (C) 增強交感神經活性以降低心輸出量
    (D) 降低交感神經活性以增強心跳速率

15. 切斷迷走神經後，血壓升高的可能原因爲下列哪一選項？
    (A) 心輸出量大量增加　　　　(B) 周邊血管阻力增強
    (C) 引起交感神經過度興奮
    (D) 引起腎上腺髓質分泌腎上腺素

16. 眼球的視網膜含有五種細胞。光線從瞳孔進入眼球，最先接觸到
    光線的細胞是下列哪一種？
    (A) 神經節細胞　　　　　　　(B) 錐狀（視錐）細胞
    (C) 兩（雙）極細胞　　　　　(D) 桿狀（視桿）細胞

17. 下列哪一種細胞的生理作用與細胞骨架「沒有」直接關係？
    (A) 細胞分裂　　　　　　　　(B) 醱酵作用
    (C) 精子運動　　　　　　　　(D) 胞吞（吞噬）作用

18. 激素作用於目標細胞的過程包括（甲）至（丁）的敘述。下列哪
    一選項是抗利尿激素作用的正確順序？
    （甲）啓動第二傳訊者（信使）
    （乙）結合到細胞膜上的專一性受體（受器）
    （丙）開啓腎小管的水孔道
    （丁）增加腎小管再吸收水
    (A) 乙甲丙丁　　　　　　　　(B) 甲乙丁丙
    (C) 乙丙甲丁　　　　　　　　(D) 乙丁丙甲

19. 下列何者只發生在原核生物？
    (A) RNA可作爲遺傳物質
    (B) 基因的突變起因於病毒的感染
    (C) 能存活在深海高壓的環境中
    (D) 有氧呼吸的電子傳遞鏈在細胞膜上進行

20. 下列有關酵素特性的敘述，何者「不」正確？
    (A) 某些 RNA 分子具有酵素活性
    (B) 受質會與酵素的活化位結合
    (C) 催化過程中受質的結構會發生改變
    (D) 小腸與胃的蛋白酶活性最適條件相同

二、多選題（30分）

說明：第 21 至 35 題，每題各有 5 個選項，其中至少有一個是正確的。
　　　選出正確選項，標示在答案卡之「選擇題答案區」。每題 2 分，
　　　各選項獨立計分，每答對一個選項得 0.4 分，每答錯一個選項
　　　倒扣 0.4 分，完全答對得 2 分，整題未作答者，不給分亦不扣
　　　分。在備答選項以外之區域劃記，一律倒扣 0.4 分。倒扣到本
　　　大題之實得分數為零為止。

21. 高莖（T）腋生花（A）的豌豆與高莖（T）頂生花（a）的豌豆雜
    交，第一子代（F_1）的表現型為高莖腋生花、高莖頂生花、矮莖腋生
    花及矮莖頂生花的比例為 3：3：1：1。下列哪些選項正確（大
    寫代表顯性，小寫代表隱性）？
    (A) 親代基因型為 TtAa × Ttaa
    (B) 高莖與腋生花互為相對的特性
    (C) F_1 中兩基因皆為同型合子的機率為 1/4
    (D) F_1 中兩種性狀皆為隱性性狀的機率為 1/8
    (E) F_1 中高莖腋生花基因型可能為 TTAA

22. 圖 2 為某性聯遺傳疾病家族的遺傳圖譜，白色圓形代表正常女性，
    白色正方形代表正常男性，黑色圓形代表疾病女性，黑色正方形
    代表疾病男性。根據圖 2 資料，下列哪些選項正確？

(A) 此疾病的等位基因爲隱性

(B) 和此疾病相關的基因位於 Y 染色體上

(C) 僅有一個疾病等位基因的男性會表現疾病性狀

(D) 僅有一個疾病等位基因的
　　女性會表現疾病性狀

(E) 第二代的 3 號個體帶有此
　　疾病等位基因的機率爲 1/2

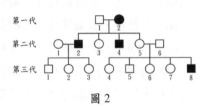

圖 2

23. 下列有關基因表現的敘述，哪些選項正確？

(A) DNA 聚合酶轉錄 DNA 爲 RNA

(B) 轉譯合成蛋白質的原料爲胺基酸

(C) 一種胺基酸僅由一種遺傳密碼子決定

(D) mRNA 上的密碼子是由 DNA 轉錄而來

(E) tRNA 上的補密碼是由 mRNA 轉錄而來

24. 討論生物生存策略時有時可利用「K 選擇」及「r 選擇」的概念
進行對比。這兩種概念是相對的，K 選擇生物成熟的年齡大、體
型大、子代數量少、一生繁殖次數多；r 選擇生物成熟的年齡小、
體型小、子代數量多、一生繁殖次數少。依照上述說明，下列哪
些物種配對的選項符合 K 選擇 / r 選擇的順序？

(A) 老鼠/貓　　　　　　　　(B) 兔子/大象

(C) 人/鮭魚　　　　　　　　(D) 蝴蝶/麻雀

(E) 獨角仙/果蠅

25. 圖 3 是倉庫裡常見兩種害蟲「擬穀盜」與
　　「扁擬穀盜」的生態棲位偏好圖。根據該
　　圖，下列哪些選項正確？

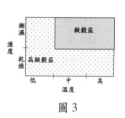
圖 3

　　(A) 在乾燥、低溫條件下，擬穀盜有競爭優勢
　　(B) 在乾燥、高溫條件下，擬穀盜有競爭優勢
　　(C) 在潮濕、低溫條件下，扁擬穀盜有競爭優勢
　　(D) 在潮濕、高溫條件下，扁擬穀盜有競爭優勢
　　(E) 在乾燥、中溫條件下，扁擬穀盜有競爭優勢

26. 最近有關外來種入侵並建立族群的報導案例不斷增多，下列敘述
　　哪幾項正確？
　　(A) 外來入侵種往往與原生物種競爭，使後者生存受威脅
　　(B) 外來入侵種進入可以使生物多樣性增加，會維持生態系穩定
　　(C) 由於全球暖化，自然侵入台灣的外來入侵種往往源自溫帶
　　(D) 外來入侵種一旦適應當地環境且缺乏天敵時，往往數量激增
　　(E) 多數外來物種要比台灣原有物種更適應台灣的環境，很容易
　　　　建立族群

27. 下列有關多數學者對地球最原始生物的特性描述，哪些選項正確？
　　(A) 行異營生活　　　　　　　(B) 為真核生物
　　(C) 為單細胞生物　　　　　　(D) 可行光合作用
　　(E) 行有氧能量代謝作用

28. 下列有關細胞的敘述，哪些選項正確？
　　(A) 生物體都是由細胞組成
　　(B) 細胞的組成元素共有一百多種
　　(C) 生物體的構造與功能單位為細胞
　　(D) 生物體細胞數增加是經由細胞分裂而來
　　(E) 細胞的組成分子中，通常以有機分子的含量最為豐富

29. 圖 4 爲遺傳工程實驗的部份過程示意圖，甲～丁代表各不同階
段參與作用的成分。根據圖 4 的資料，下列敘述哪些選項正確？

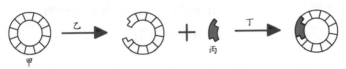

圖 4

(A) 「甲」可以是細菌的質體

(B) 「乙」是某種激素分子

(C) 「丙」可以是植物的 RNA 分子

(D) 「丁」爲抗體分子

(E) 圖中各階段的反應都可在試管內反應完成

30. 一般年輕婦女在排卵後，血液中哪些激素的濃度會增加？

(A) 黃體成長素（LH）　　　(B) 動情素

(C) 黃體素（助孕素）　　　(D) 卵泡刺激素（FSH）

(E) 生殖激素釋放激素

31. 下列哪些選項與人體的平衡感覺有關？

(A) 嗅覺　　　　　　　　　(B) 聽覺

(C) 半規管　　　　　　　　(D) 本體感覺

(E) 內耳的前庭

32. 下列有關激素及其生理功能的配對，哪些選項正確？

(A) 甲狀腺素：鉀離子平衡

(B) 副甲狀腺素：鈣離子平衡

(C) 離層素：抑制植物生長

(D) 血管加壓素（抗利尿激素，ADH）：水分平衡

(E) 胰島素：葡萄糖平衡

33. 有關胰島素從合成經修飾到具有活性的過程，下列有哪些細胞構造參與？
    (A) 溶體
    (B) 液胞
    (C) 核糖體
    (D) 高基氏體
    (E) 粗糙內質網

34. 細胞呼吸作用中，高能電子攜帶者 NADH 是在下列哪些反應中產生？
    (A) 糖解作用
    (B) 醱酵作用
    (C) 卡爾文循環
    (D) 電子傳遞鏈
    (E) 克氏循環

35. 有關母乳增強嬰兒防禦力的敘述，下列哪些選項正確？
    (A) 含有抗體可以提供保護
    (B) 含有巨噬細胞會清除細菌
    (C) 是一種被動免疫
    (D) 需經消化吸收以提供防禦力
    (E) 斷奶後無法持續提供長時間的保護

三、閱讀題（21 分）

說明：第 36 至 44 題，包含單選題與多選題，單選題有四個選項，多選題有五個選項，每題選出最適當的選項，標示在答案卡之「選擇題答案區」。單選題每題答對得 2 分，答錯或劃記多於一個選項者倒扣 2/3 分。多選題每題答對得 3 分，各選項獨立計分，每答對一個選項，可得 0.6 分，每答錯一個選項，倒扣 0.6 分，完全答對得 3 分，整題未作答者，不給分亦不扣分。倒扣到本大題之實得分數爲零爲止。

閱讀一

苯酮尿症（phenylketonuria）是一種體染色體的隱性遺傳疾病，在美國每一萬名新生兒中就有一人會出現此疾病。患者體內缺乏苯丙胺

酸氧化酶.，無法將苯丙胺酸代謝為酪胺酸。過量的苯丙胺酸在體內會累積，並轉變為有毒性的苯丙酮酸，進入腦脊髓液，損害中樞神經系統的發育，導致心智遲滯。

　　苯酮尿症患者的心智遲滯程度和累積的苯丙酮酸相關，故控制飲食中攝取的苯丙胺酸，可緩和此遺傳疾病的症狀。苯丙胺酸、甲硫胺酸與色胺酸皆為必需胺基酸，體內不能合成，必須由飲食提供，作為合成體內蛋白質的原料。若給予苯酮尿症患者低苯丙胺酸的特製食物，降低苯丙酮酸的生成，即可預防心智遲滯的發生。此等飲食治療一般會延續至智力發展完全的青少年時期。

依據上文內容和習得的知識，回答第 36-38 題：

36. 苯酮尿症患者缺失下列哪一種分子？
　　(A) 苯丙胺酸　　　　　　　　(B) 苯丙酮酸
　　(C) 酪胺酸　　　　　　　　　(D) 苯丙胺酸氧化酶

37. 下列哪二種分子累積會直接或間接導致苯酮尿症患者的心智遲滯？
　　(A) 苯丙胺酸　　　　　　　　(B) 苯丙酮酸
　　(C) 酪胺酸　　　　　　　　　(D) 甲硫胺酸
　　(E) 色胺酸

38. 一正常母親生下患有苯酮尿症的新生兒，但新生兒在剛出生時血液中苯丙胺酸的濃度是正常的，為什麼？
　　(A) 新生兒尚未開始進食
　　(B) 代謝苯丙胺酸的酵素正常
　　(C) 懷孕時母親食用不含苯丙胺酸的特製食物
　　(D) 胎兒累積的苯丙胺酸擴散至母體血液中，由母體代謝

閱讀二

　　Wolbachia 是一群感染節肢動物及圓形動物的細菌，於 1936 年由 Herting 及 Wolbach 在家蚊身上分離出來，當時並未受到重視，直到 1971 年，科學家發現受某品系 *Wolbachia* 感染的雄蚊精子會殺死蚊卵，才引起研究者的重視，現在學界咸認 *Wolbachia* 是世界上最普遍的一類寄生性微生物，可能有高達 25～70% 的昆蟲受其感染。有趣的是，*Wolbachia* 也與許多人類疾病有關，例如由線蟲引起的血絲蟲病和象皮病，其原因是由於人體免疫系統對寄生在線蟲體內的 *Wolbachia* 產生免疫反應所造成。如果除去線蟲體內的 *Wolbachia*，不但線蟲會死亡或發生不孕，且線蟲所引起的疾病症狀也得以減輕。相反地，某些 *Wolbachia* 可以專一性地感染埃及斑蚊，縮短斑蚊的壽命，因此可以用來作病疫防治。

依據上文內容和習得的知識，回答第 39-41 題：

39. 根據上文的敘述，下列哪二類動物最可能受到 *Wolbachia* 感染？
    (A) 蝸牛　　　　(B) 竹節蟲　　　　(C) 渦蟲
    (D) 馬陸　　　　(E) 鞭毛蟲

40. 根據上文的敘述，下列何者是治療血絲蟲病最好的方式？
    (A) 使用抗生素
    (B) 使用干擾素
    (C) 降低人體的免疫反應
    (D) 大量培養 *Wolbachia* 讓它們感染血絲蟲

41. 可以讓埃及斑蚊壽命變短的 *Wolbachia*，在醫學上具有哪二項潛在的價值？

    (A) 可用來防治瘧疾

    (B) 可用來防治登革熱

    (C) *Wolbachia* 可以消滅埃及斑蚊體內病原體

    (D) 埃及斑蚊感染 *Wolbachia* 後便無法攜帶病原體

    (E) 蚊子壽命變短，間接使病原抗藥性發生率下降

閱讀三

　　研究人員在實驗室中製備動物細胞的人工培養液時，除了加入基本養分之外，也常要添加牛血清以做為補充養分，並在使用前將培養液進行除菌處理。生物實驗室通常用高溫高壓滅菌器來除菌，但由於動物細胞培養液中含有不耐熱成分，且細菌大小多在 0.5-10 微米（μm）之間，因此目前較常使用的除菌方式是將培養液濾過孔徑為 0.2 微米的無菌過濾膜。今有一技術熟練的研究生以剛完成除菌過濾的培養液進行動物細胞培養，不久後，他發現所培養的細胞出現被病原體感染的徵兆。由於該研究生認為自己的操作過程非常謹慎小心，再加上用來吸取或裝盛細胞的器材也都確實是無菌包裝購入的，因此懷疑造成污染的原因是自己使用的過濾膜不潔，該研究生於是向隔壁實驗室借用新的無菌過濾膜來重新製備培養液，但二度培養的細胞卻仍然出現被病原體感染的徵兆。該研究生於是又懷疑是否自己使用的牛血清含有病原體，因此再度向隔壁實驗室借用新的牛血清，但使用的過濾膜與第一次配製培養液使用的過濾膜為同一批次購入的，而第三度培養的動物細胞終於正常生長且不再出現被病原體感染的徵兆。

依據上文內容和習得的知識，回答第 42-44 題：

42. 上述動物細胞培養實驗的病原體最可能來自下列哪一選項？
    (A) 過濾膜　　　　　　　　(B) 裝盛細胞的器材
    (C) 培養液的基本養分　　　(D) 培養液的補充養分

43. 上述動物細胞培養實驗的病原體最可能為下列哪一選項？
    (A) 細菌　　　　　　　　　(B) 黴菌
    (C) 病毒　　　　　　　　　(D) 牛細胞

44. 製備動物細胞培養液時，除菌方式多採用過濾而非高溫高壓處理，最主要的原因為何？
    (A) 過濾方式較為經濟、快速
    (B) 高溫高壓處理過的培養液，動物細胞無法良好生長
    (C) 除了過濾方式之外，其他方式都無法完全去除培養液中的病原體
    (D) 利用高溫高壓滅菌器太貴（數萬至數十萬元），不是所有研究單位都負擔得起

第貳部分：非選擇題（佔 29 分）

說明：本大題共有四題，<u>作答都要用較粗的黑色或藍色的原子筆、鋼珠筆　或中性筆書寫</u>。答案務必寫在「答案卷」上，並於題號欄標明　題號（一、二、三、四）與子題號（1、2、…）。作答時不必　抄題。每題配分標於題末。

一、通常鐮形血球性貧血症的同型合子患者在成年之前就死亡。在非洲某瘧疾盛行的地區，外表型為鐮形血球性狀的成人約佔成人人口的 40%。試回答下列問題。

   1. 該地區正常血球性狀的成人，佔成人人口的百分比為何？
      （1分）

2. 該地區成人中，異型合子之基因型頻率爲何？（1分）

3. 若成人全都自由婚配，則該地區中正常血球性狀者和鐮形血球性狀者結婚的機率爲何？（1分）

4. 此地區中鐮形血球性狀的人比例較其他地區高的原因爲何？（2分）

二、李生使用鑑定人類 ABO 血型的兩種抗體試劑（抗體 A 和抗體 B）和來自不同血型人的血清，分別與兩株人類腸道菌 I 和 II 進行抗體與抗原反應的測定。實驗結果記錄在表 2，其中以「＋」表示抗原與抗體有反應，「－」則表示沒有反應。

根據表 2 結果回答下列問題。

1. 表 2 中②③⑤⑥的反應分別爲何？（以「＋」和「－」表示）（4分）

2. 試寫出菌株 II 具有的血球抗原？（2分）

3. 菌株 I 在哪些血型的人體內出現後，會被抗體辨識而遭清除？（2分）

表 2

抗體和抗原的反應　　抗原 試劑和血清種類	菌株 I	菌株 II
試劑抗體 A	＋	＋
試劑抗體 B	－	＋
A 血型的血清	①	②
O 血型的血清	③	④
AB 血型的血清	⑤	⑥

三、 研究人員將一棵綠色植物放置於錐形瓶內如圖 5，錐形瓶瓶口
則以插有二氧化碳感應器的橡膠塞密封，二氧化碳感應器的外
端與電腦連線，因此該研究員可從電腦顯示器的螢幕上觀察並
記錄到錐形瓶內二氧化碳濃度的變化情形。圖 6 為該研究員偵
測錐形瓶內二氧化碳濃度連續 60 分鐘變化的結果，偵測期間植
物有時有照光（固定的光照強度），有時則是處於完全黑暗中。

試根據上文及附圖資料回答下列問題。

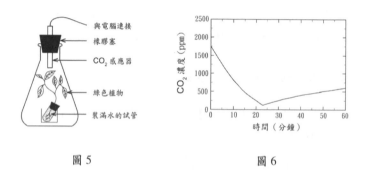

圖 5   圖 6

1. 測定之初，錐形瓶內的二氧化碳濃度（ppm）為何？（1分）
    在哪幾個測定時間點，錐形瓶內的二氧化碳濃度為250ppm？
    （2分）

2. 偵測期間的第 40 分鐘時，植物有沒有照光？（1分）你的判
    斷理由為何？（2分）

3. 偵測期間的最初 10 分鐘時段，瓶內植物有無進行呼吸作用？
    （1分）在此時段，何以二氧化碳濃度的變化曲線呈現下降
    趨勢？（2分）

四、　肺呼吸的重要功能是維持血液中氣體濃度恆定與酸鹼平衡。我
　　　們居住在平地時，血液氧含量是每 100ml 有 20ml 氧，若遷移到
　　　4 千公尺高山居住一段時間，由於高山的氧分壓低，為獲取較
　　　多的氧，剛開始的時候，肺與外界換氣作用的頻率增加，稍後
　　　呼吸頻率增加反應減緩。呼吸的變化就會帶動酸鹼值的改變，
　　　因此，其他器官如腎臟也必須參與，以維持內在恆定。試根據
　　　內在恆定原理回答下列問題。

1. 呼吸頻率增加會導致血液中二氧化碳含量發生何種變化？
　（1分）說明原因。（1分）

2. 隨血液中二氧化碳含量改變，pH值將發生何種變化？
　（1分）經腎臟調節血中重碳酸鹽或碳酸氫根（HCO_3^-）的
　濃度，可以避免 pH 值發生太大的改變，試問調節後的重碳
　酸鹽濃度與正常相較是增加或降低？（1分）

3. 腎臟是以何種機制來調節重碳酸鹽的恆定？（1分）

4. 腎臟會增加何種激素的分泌量以增強氧的運送？（2分）

九十八年度指定科目考試生物科試題詳解

第壹部分：選擇題

一、單選題

1. **C**

   【解析】 本題為上課強調之基本觀念。

   精子形成藉減數分裂，故各階段細胞 DNA 量變化及其他比較，請見下表

	每一染色體 DNA 量	每一細胞中 DNA 量	人的 染色體數	人的 染色體套數
精原細胞 ↓特化	a	2b	46	2n
初級精母細胞 ↓ 1 st 減數分裂	2a	4b	46	2n
次級精母細胞 ↓ 2 nd 減數分裂	2a	2b	23	n
精細胞 ↓變態	a	b	23	n
精子	a	b	23	n

   故由上表可知，初級精母細胞的 DNA 量最多

2. **D**

【解析】 此題為基本觀念題。學習 DNA 複製，必要由半保留複
製之實驗開始學起。故依右圖可知：

(1) 經過第一次分裂，全為
$N^{14}N^{15}$ 的 DNA；

(2) 經過第二次分裂，1/2 為
$N^{14}N^{14}$、另 1/2 為 $N^{14}N^{15}$

故本題僅 (D) 敘述較為合理

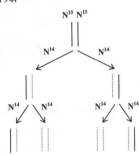

3. **B**

【解析】 本題所述胞器，可自行轉譯蛋白質，故本題在考「內
共生胞器」，選 (B)

4. **B**

【解析】 單一染色體在減數分裂發生無分，會造成「非整倍體」，
產生單體生物、三體生物及缺對生物，而本題 (A) 為缺
對生物；(B) 為單體生物；故選 (B)

5. **C**

【解析】 依本題所述，火山爆發導致生物全部消失，再出現生物
群集，此應為「初級消長」。故初級消長中之先鋒群集，
應為植物，且可生活於岩石表面，故本題選蕨類植物
較為合理。而咸豐草無法生活在岩石表面，故不選

6. **A**

【解析】 此題為判圖題。依題意所述，存活率要超過 50％，則
幼蟲數：成蟲數＝1：2，故由圖可知，當幼蟲 30 隻時，
留下成蟲 15 隻較符合本題意，故選 (A)

7. **A**

【解析】　本題在考產生新種的原因。依本題所述，此物種地區
間遺傳變異變高，代表發生「隔離」，使兩族群間不易
交配，導致族群間變異變大。而蝸牛因運動較緩慢，
不容易遷徙，故易發生隔離，故選 (A)

8. **B**

【解析】　本題爲基本判斷題。只需直接依題目所給條件，直接
代入公式 $LnY = 0.387*3 - 0.517$　　∴ $Y \fallingdotseq 1.9mm$

9. **C**

【解析】　本題爲花很基本觀念題。風媒花因利用風傳粉，故花粉
粒較小、輕、多，但花瓣通常不明顯或不具特殊氣味；
但蟲媒花因需吸引昆蟲，故花瓣通常大而明顯，且具有
特殊氣味。故依題目表 1，甲花因花瓣小，故爲風媒；
而乙、丙花瓣大且有氣味，並有花蜜，故爲蟲媒

10. **D**

【解析】　本題爲植物感應基本舉例。向性爲植物生長運動，故
(D) 爲向性（背地性）的結果。而 (A)(C) 與光敏素的作
用有關，且 (A) 與 P_r 有關，而 (C) 主要與 P_{fr} 有關。(B)
氣孔開閉也是因膨壓改變造成，爲膨壓運動

11. **D**

【解析】　此題爲基本觀念，主要考植物由根部吸收水分送至葉
過程
(1) 植物無法利用大氣中的水，故 (A)(B) 不選
(2) 植物運輸水分利用木質部運輸，故 (C) 不選

12. **C**

【解析】 本題爲抗體免疫基本應用

(1) 注射疫苗爲主動免疫，主要藉由類似病原體的物質，建立免疫功用，故注射疫苗可使人產生抗體，本題選 (C)

(2) 故疫苗只能預防疾病，沒有治療疾病的作用

13. **C**

【解析】 此題爲基本觀念題。胼胝體連接左右大腦，故本題選 (C)

(A) 橋腦爲腦幹之一

(B) 基底核位於大腦之神經核

(D) 聯合區爲大腦皮質一部分

<u>14-15 爲題組</u>

14. **B**

【解析】 此題在於考交感神經對血壓調節機制。爲基本觀念在生活中之應用。而交感神經會促使血壓上升，故 (A) (C) 不選。而 (D) 按題意所述，血壓＝心輸出量*週邊血管阻力，故會促使血壓升高，故 (D) 不選，故本題選 (B)

15. **A**

【解析】 按題意，心輸出量＝一次心跳輸出血量*心跳速率

而切斷迷走神經，不會抑制心跳速率，意即心跳速率增加，使心輸出量增加，促使血壓升高

16. **A**

【解析】　本題主要依眼球剖面圖，討論光進入視網膜途徑：

神經節細胞 → 雙極細胞 → 感光細胞（錐狀細胞、桿狀細胞）→ 色素上皮細胞

故依本題所述，光最先接觸的應爲神經細胞，故本題選 (A)

17. **B**

【解析】　本題在考細胞骨架之功用。

(A) 細胞分裂與微管有關

(C) 精子運動與微管形成之鞭毛有關

(D) 胞吞作用與肌動蛋白有關

而 (B) 發酵作用爲代謝，與細胞骨架無關

18. **A**

【解析】　此題爲基本概念，主要在考 ADH 如何調節細胞生理（激素第一類作用機制），進而促使腎小管細胞水通道打開，再吸收水分。故本題選 (A)

19. **D**

【解析】　本題在考原核生物基本特性。而 (A)爲病毒特性；(B) 基因突變通常發生在細胞複製過程；(C) 非原核生物特有，故本題選 (D)

20. **D**

【解析】　本題爲酵素基本觀念題。

(A) 例如轉譯時，可利用 RNA 做催化劑

(B) 受質需與酵素結合，才有作用

  (C) 催化過程中，受質結構改變以反應，但酵素結構不改變

  (D) 小腸的酵素適合鹼性；胃的酵素適合酸性

二、多選題

21. **ACD**

【解析】 此為孟德爾第二遺傳法則之標準計算。

   依題目所述，高莖腋生花：高莖頂生花：矮莖腋生花：矮莖頂生花 = 3：3：1：1

   故高莖：矮莖 = (3+3)：(1+1) = 3：1，故親代基因型應為 Tt*Tt

   腋生花：頂生花 = (3+1)：(3+1) = 1：1，故親代基因型應為 Aa*aa

   但 (B) 高莖與矮莖為相對性狀、而腋生花與頂生花為相對性狀

   (E) 第一子代高莖腋生花基因型應為 TtAa

22. **AC**

【解析】 此題在考性聯遺傳。判斷是否為隱性疾病，則媽媽有病，兒子必有病；女兒有病，爸爸必有病。故依本題圖示，發現第一代母親有病，而子皆有病，故此為性聯遺傳隱性疾病。

   (B) 性聯遺傳基因均位在 X 染色體上

   (D) 女性基因行為 aa 時才發病

   (E) 機率應為 0

23. **BD**

【解析】　此為分子生物學基本觀念。

(A) DNA 聚合酶主要用來合成 DNA

(C) 可能有多組密碼子決定同一種胺基酸

(E) 所有 RNA 皆由 DNA 轉錄而來，故 tRNA 之補密碼亦是

24. **CE**

【解析】　此題主要利用題目給予條件來判斷

故依題意，則老鼠、兔子、鮭魚、蝴蝶、果蠅應為 r 選擇；而貓、大象、人、麻雀、獨角仙應為 k 選擇，故選 (C) (E)

25. **CE**

【解析】　本題為判圖題。由圖可知，擬穀盜在中高溫、潮濕條件下，有較佳競爭優勢，故 (A) (B) 不選。而扁擬穀盜在中高溫、乾燥環境或低溫環境，都有較好適應性，故 (D) 不選

26. **AD**

【解析】　本題在考「外來種」之基本觀念。

外來種：(1) 缺乏天敵；(2) 對本土種不利；(3) 人為帶入；(4) 唯一優點：做生物防治。而 (B) 外來種入侵，會導致生態系不穩定

(C) 外來種通常為人為帶入

(E) 外來種適應環境能力一定低於本土種

27. **AC**

【解析】 本題為基本觀念

(B) 為原核生物

(D) 不能行光合作用

(E) 行無氧呼吸

28. **ACD**

【解析】 本題考「細胞」基本觀念。

(B) 細胞組成元素基本為 5 種

(E) 細胞含量最多為水（無機物）

29. **AE**

【解析】 本題為「人工基因重組過程」

甲 — 質體；乙 — 限制酶作用；丙 — 欲選殖基因；

丁 — DNA 連接酶作用，完成基因重組

30. **BC**

【解析】 此題為基本概念，考女性生殖，多會著重在月經週期

激素作用與變化

(A) LH 在排卵後會下降

(D) FSH 在排卵前已下降

31. **CDE**

【解析】 此為基本觀念。

平衡覺與內耳、視覺、本體感覺有關，故 (A) (B) 與平

衡無關

32. **BCED**

　　【解析】 激素學習法，除了記憶，別無他法。

　　　　　　(A) 甲狀腺素與代謝有關，與離子調節無關

33. **CDE**

　　【解析】 胰島素為細胞分泌出去的蛋白質，故本題在考細胞製
　　　　　　造蛋白質到分泌的過程。而 (A) (B) 與胰島素分泌無關

34. **AE**

　　【解析】 (B) 發酵作用沒有產生 NADH
　　　　　　(C) 卡爾文循環與光合作用有關
　　　　　　(D) 呼吸作用的電子傳遞主要是把 NADH 氧化

35. **ACE**

　　【解析】 喝母乳，直接得到抗體，故為被動免疫
　　　　　　(B) 母乳不含巨噬細胞
　　　　　　(D) 抗體經消化就無作用

三、閱讀題

閱讀一

36. **D**　　37. **AB**　　38. **D**

閱讀二

39. **BD**　　40. **A**　　41. **BE**

閱讀三

42. **D**　　43. **C**　　44. **B**

第貳部分：非選擇題

一、【解答】　1. 成人族群，沒有鐮刀型貧血症，故依題目所述，

　　　　　　　SS' ＝ 40%，則 SS ＝ 60%

　　　　　　2. SS' ＝ 40%

　　　　　　3. 60% × 40% × 2 ＝ 48%

　　　　　　4. 因鐮刀型血球性狀較不容易感染瘧疾，故容易存活

二、【解答】　1. ②＋、③＋、⑤－、⑥－

　　　　　　2. A 抗原、B 抗原

　　　　　　3. B 型、O 型

三、【解答】　1. 1750ppm；20min；30min

　　　　　　2. 沒有照光；二氧化碳含量增加，故光合作用降低

　　　　　　3. 有；因為正在行光合作用

四、【解答】　1. 下降；因換氣過度

　　　　　　2. pH 上升；降低

　　　　　　3. 減少重碳酸鹽吸收

　　　　　　4. 紅血球生成素

九十八學年度指定科目考試（生物）

大考中心公佈答案

題號	答案	題號	答案	題號	答案
1	C	21	ACD	41	BE
2	D	22	AC	42	D
3	B	23	BD	43	C
4	B	24	CE	44	B
5	C	25	CE		
6	A	26	AD		
7	A	27	AC		
8	B	28	ACD		
9	C	29	AE		
10	D	30	BC		
11	D	31	CDE		
12	C	32	BCDE		
13	C	33	CDE		
14	B	34	AE		
15	A	35	ACE		
16	A	36	D		
17	B	37	AB		
18	A	38	D		
19	D	39	BD		
20	D	40	A		

九十八學年度指定科目考試
各科成績標準一覽表

科　　目	頂　標	前　標	均　標	後　標	底　標
國　　文	65	60	51	42	34
英　　文	74	63	44	24	12
數學甲	74	59	38	20	10
數學乙	66	55	39	24	15
化　　學	73	62	44	26	16
物　　理	72	59	40	22	12
生　　物	79	70	56	42	32
歷　　史	68	61	52	39	29
地　　理	67	62	52	41	30
公民與社會	73	65	52	39	30

※ 以上五項標準均取為整數（小數只捨不入），且其計算均不含缺考生之成績，
　計算方式如下：

　頂標：成績位於第 88 百分位數之考生成績。

　前標：成績位於第 75 百分位數之考生成績。

　均標：成績位於第 50 百分位數之考生成績。

　後標：成績位於第 25 百分位數之考生成績。

　底標：成績位於第 12 百分位數之考生成績。

例：某科之到考考生為 99982 人，則該科五項標準為

　頂標：成績由低至高排序，取第 87985 名（99982×88%=87984.16，取整數，
　　　　小數無條件進位）考生的成績，再取整數（小數只捨不入）。

　前標：成績由低至高排序，取第 74987 名（99982×75%=74986.5，取整數，
　　　　小數無條件進位）考生的成績，再取整數（小數只捨不入）。

　均標：成績由低至高排序，取第 49991 名（99982×50%=49991）考生的成績，
　　　　再取整數（小數只捨不入）。

　後標：成績由低至高排序，取第 24996 名（99982×25%=24995.5，取整數，
　　　　小數無條件進位）考生的成績，再取整數（小數只捨不入）。

　底標：成績由低至高排序，取第 11998 名（99982×12%=11997.84，取整數，
　　　　小數無條件進位）考生的成績，再取整數（小數只捨不入）。

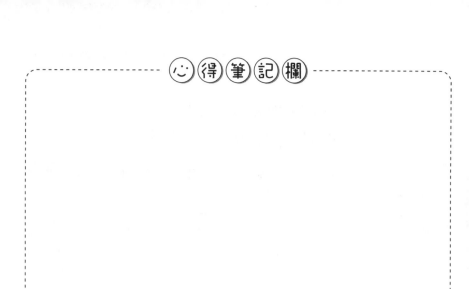

九十七年大學入學指定科目考試試題
生物考科

第壹部分：選擇題（佔 71 分）

一、單選題（20 分）

說明：第 1 至 20 題，每題選出一個最適當的選項，標示在答案卡之「選擇題答案區」。每題答對得 1 分，答錯或劃記多於一個選項者倒扣 1/3 分，倒扣到本大題之實得分數為零為止。未作答者，不給分亦不扣分。

1. 下列有關病毒的敘述，何者正確？
   (A) 愛滋病病毒侵犯 B 細胞，因而損害人體免疫功能
   (B) 肝炎病毒感染人體後，經由血液分布到肝臟而引起肝炎
   (C) 由脂質和醣蛋白構成的套膜，直接包裹在流行性感冒病毒的 RNA 外圍
   (D) 病毒感染寄主後，利用寄主細胞原有的蛋白質與病毒本身的核酸組合成新病毒

2. 下列有關免疫反應的敘述，何者正確？
   (A) 吞噬細胞可專一性地吞噬並分解細菌或病毒
   (B) 過敏反應時單核球釋出組織胺，造成皮膚紅腫
   (C) 發炎反應時紅血球滲出血管，造成紅腫熱痛
   (D) 器官移植時T細胞產生細胞性免疫，引起排斥作用

3. 下列有關減數分裂的敘述，何者正確？
   (A) 同源染色體聯會發生在第一次減數分裂
   (B) 同源染色體互換發生在第二次減數分裂
   (C) 同源染色體在第二次減數分裂時相互分離
   (D) 第二次減數分裂產生的子細胞含同源二分體

4. 下列有關蛋白質構造與功能的敘述，何者正確？
   (A) 磷是蛋白質常見的組成元素
   (B) 胺基酸排列順序會影響蛋白質的立體結構
   (C) 代謝的主要能源來自胺基酸分解產生的能量
   (D) 蛋白質在細胞內的含量僅次於核酸，具運輸、運動、防禦等
       多種功能

5. 下列有關基因突變的敘述，何者正確？
   (A) 紫外線可破壞 DNA 導致突變，而引起皮膚癌
   (B) 食品若添加硝酸可能引起基因突變
   (C) 鐮形血球貧血症是單一胺基酸插入的突變所致
   (D) 輻射線會誘導 DNA 的五碳糖發生變異導致基因突變

6. 下列何種動物的紅血球沒有細胞核？
   (A) 麻雀　　　　(B) 青蛙　　　　(C) 黑猩猩　　　　(D) 綠蠵龜

7. 重症肌無力的主要原因是什麼？
   (A) 遺傳疾病導致神經退化
   (B) 自體免疫引起運動神經退化
   (C) 自體免疫導致神經傳遞物質的受體數目減少
   (D) 免疫力不佳引起肌肉細胞感染並退化

8. 圖 1 為人體的心電圖，圖上的 T 波電位變化可能代表下列何種
   構造的生理表現？
   (A) 心室收縮　　(B) 心室舒張
   (C) 心房收縮　　(D) 心房舒張

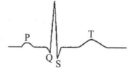

圖 1

9. 某捕食者與其獵物族群大小隨時間變化
   的關係如圖 2。如果以捕食者數量為 X
   軸、獵物數量為 Y 軸作圖，則圖形應該
   為下列何者？

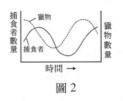

圖 2

(A)　　　　　　(B)　　　　　　(C)　　　　　　(D)

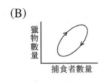 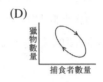

10. 在巴夫洛夫（Ivan Pavlov）的條件反射學習行為實驗中，搖鈴
    引起唾液的分泌與下列何種神經最有關係？
    (A) 脊髓神經　　　(B) 舌咽神經　　　(C) 舌下神經　　　(D) 交感神經

11. 近年來世界各地發生大規模蜜蜂失蹤的現象，這種現象帶給人
    類最嚴重的損失是什麼？
    (A) 蜂蜜減產　　　　　　　　(B) 蜂膠減產
    (C) 五穀類農作物減產　　　　(D) 蔬果類農作物減產

12. 植物的散佈與其種子的主動或被動遷移能力有關。下列何種植
    物最有機會從大陸傳播到遠離陸地的海島？
    (A) 蘇鐵　　　(B) 胡桃　　　(C) 蒲公英　　　(D) 酢漿草

13. 地衣是台灣森林中常見著生於樹幹的生物，其組成物種所屬的
    生物分界可能為下列何者？
    (A) 動物界與植物界　　　　　(B) 動物界與真菌界
    (C) 植物界與原生生物界　　　(D) 原生生物界與真菌界

14-15為題組

李生在標記為甲、乙、丙、丁的4個500mL錐形瓶中，分別加入400mL濃度均為0.5mM的硫代硫酸鈉〔$Na_2S_2O_3$〕、硫代硫酸銀〔$Ag_2S_2O_3$〕和硫代硫酸銨〔$(NH_4)_2S_2O_3$〕等水溶液和純水，並於各錐形瓶中分別插入10支同批採收的同種玫瑰花，隨後每天觀察並記錄各錐形瓶中玫瑰花凋萎的支數，結果如表1。

表1 玫瑰花每日凋萎支數記錄

	第1天	第2天	第3天	第4天	第5天	第6天	第7天	第8天
甲瓶			1支	1支	1支	2支	3支	2支
乙瓶							1支	1支
丙瓶				1支	2支	2支	3支	2支
丁瓶			1支	1支	2支	2支	2支	2支

14. 根據表1資料，下列何種成分的作用可能具有延緩玫瑰花凋萎的效果？
    (A) Na+　　　(B) Ag+　　　(C) NH_4^+　　　(D) $S_2O_3^{2-}$

15. 可延緩上題之玫瑰花凋萎的成分，應是影響下列何種植物激素的作用？
    (A) 乙烯　　　(B) 花青素　　　(C) 吉貝素　　　(D) 離層素

16. 下列有關植物激素與其功能的配對，何者「不」正確？
    (A) 生長素：抑制植株發生頂芽優勢
    (B) 細胞分裂素：延遲植物器官的老化
    (C) 吉貝素：促進發芽中的大麥種子合成水解酵素
    (D) 離層素：刺激葉片的氣孔關閉、減少水分散失

17. 圖 3 爲植物根部橫切面的局部示意圖。試問根部吸收的水分和無機鹽，主要是透過何種方式進入圖中箭頭所指的細胞？

(A) 吞噬作用

(B) 吞噬作用和滲透作用

(C) 滲透作用和主動運輸

(D) 吞噬作用和胞飲作用

圖 3

18. 某種蝗蟲體色深淺由遺傳決定，當牠生活在淺色沙漠環境時，其體色與數量的關係圖應爲下列何者？

(A)   (B)   (C)   (D)

19. 新生代早期才從北美洲演化出來的生物類群，最「不」可能出現在下列哪一個地區？

(A) 德國　　　(B) 秘魯　　　(C) 澳大利亞　　　(D) 西伯利亞

20. 唐氏症是一種與染色體變異有關的遺傳疾病。圖 4 爲某人的染色體核型資料。根據該資料，下列對此人的描述，何者正確？

(A) 患唐氏症的女性

(B) 患唐氏症的男性

(C) 未患唐氏症的女性

(D) 未患唐氏症的男性

圖 4

二、多選題（30分）

說明：第21至35題，每題各有5個選項，其中至少有一個是正確的。選出正確選項，標示在答案卡之「選擇題答案區」。每題2分，各選項獨立計分，每答對一個選項得0.4分，每答錯一個選項倒扣0.4分，完全答對得2分，整題未作答者，不給分亦不扣分。在備答選項以外之區域劃記，一律倒扣0.4分。倒扣到本大題之實得分數爲零爲止。

21. 下列有關粒線體構造或功能的敘述，哪些選項正確？
    (A) 擁有自己的 DNA
    (B) 可合成自身所需的全部蛋白質
    (C) 可合成細胞所需的大部分 ATP
    (D) 可經電子傳遞鏈系統將電子傳給水分子
    (E) 電子傳遞過程中可將質子送至粒線體外

22. R 基因與 Y 基因各自獨立且顯性，若基因型 RrYY 和 rrYy 的兩個親代交配，理論上，下列哪些敘述正確？
    (A) 每個親代各產生四種配子，比例爲 1：1：1：1
    (B) 子代共有四種外表型，比例爲 9：3：3：1
    (C) 子代兩對基因皆爲同基因型的機率爲 1/4
    (D) 子代兩對基因皆表現顯性性狀的機率爲 1/2
    (E) 子代兩對基因皆表現隱性性狀的機率爲 1/2

23. 下列有關多基因遺傳的敘述，哪些選項正確？
    (A) 人類膚色的遺傳是多基因遺傳
    (B) 羅倫左所罹患的腎上腺白質退化症（adrenoleukodystrophy）
    (C) 多基因遺傳控制的性狀呈不連續差異
    (D) ABO 血型爲 I^A、I^B、i 基因共同控制的多基因遺傳
    (E) 多基因遺傳的外表型比例呈常態分布

24. 爲瞭解植物葉片上氣孔分布的情形，研究人員選取 9 種植物，並用科學方法測量其葉片上、下表皮的氣孔密度，結果如表 2。根據表 2 資料，下列哪些敘述正確？

    (A) 蘚苔植物都沒有氣孔
    (B) 蕨類植物的葉片僅上表皮有氣孔
    (C) 單子葉植物葉片的上表皮氣孔數量，較下表皮爲多
    (D) 雙子葉植物葉片的下表皮氣孔數量，較上表皮爲多
    (E) 雙子葉植物葉片的上表皮，草本植物的氣孔數量，較木本植物爲多

表 2 不同植物葉片的氣孔密度資料

植物種類	氣孔密度(數目/mm^2)	
	上表皮	下表皮
洋蔥	175	175
玉米	70	85
水稻	50	40
向日葵	120	175
酢漿草	169	188
天竺葵	29	179
楓樹	0	210
樟樹	0	340
菩提樹	0	370

25. 下列有關神經元產生動作電位時，離子與離子通道關係的配對敘述，哪些正確？

    (A) 去極化：僅鉀離子通道開啓
    (B) 去極化：鈉離子通道開啓
    (C) 再極化：僅鉀離子通道開啓
    (D) 再極化：鈉離子通道關閉、鉀離子通道開啓
    (E) 過極化：鈉離子通道開啓、鉀離子通道關閉

26. 當蚜蟲將針狀口器插入植物組織吸食時，其排泄物中富含糖分，螞蟻常取食蚜蟲排泄物並驅趕蚜蟲天敵如瓢蟲。根據這項觀察，下列哪些敘述正確？

    (A) 蚜蟲口器到達篩管部位
    (B) 蚜蟲口器到達導管部位
    (C) 螞蟻和蚜蟲的關係屬於互利共生
    (D) 螞蟻和瓢蟲的關係屬於片利共生
    (E) 蚜蟲最喜歡棲息在植物的根部

27. 圖 5 代表某一生態系的能量塔。下列有關該能量塔的敘述，哪些正確？

(A) 甲層極可能爲肉食性動物

(B) 乙層的生物質量在整個生態系中排名第二

(C) 丙層可能包含昆蟲

(D) 分解者同時存在於甲、乙、丙和丁層內

(E) 丁層都是植物界成員

圖 5

28-29爲題組

爲瞭解植物生長的營養需求，科學家分析向日葵完成正常生活史所不可缺少的組成元素及其比率，結果如表 3。根據表 3 資料，回答 28-29題。

表 3

元素種類	佔乾重比率
C	45 %
H	6 %
O	45 %
N	1.5 %
K	1.0 %
Ca	0.5 %
Mg	0.2 %
P	0.2 %
S	0.1 %
Cl	100 ppm
Fe	100 ppm
B	20 ppm
Mn	50 ppm
Zn	20 ppm
Cu	6 ppm
Ni	0.1 ppm
Mo	0.1 ppm

28. 下列有關向日葵組成元素及營養需求的敘述，哪些正確？

(A) 組成向日葵的元素種類至少有 17 種

(B) 田間生長的向日葵體內，O 元素含量超過其鮮重的 45%

(C) 田間生長的向日葵體內，Mn 元素含量超過其鮮重的 50ppm

(D) 向日葵的組成分中，金屬元素種類比非金屬元素爲多，故金屬元素相對較爲重要

(E) 向日葵的組成分中，非金屬元素的重量比例總和遠大於金屬元素，故非金屬元素相對較爲重要

29. C、H 和 O 三種元素的含量佔向日葵乾重的 96%。試問向日葵主要是從哪些來源獲取這些元素？
    (A) 土壤中的水
    (B) 太陽光的能量
    (C) 空氣中的氧
    (D) 空氣中的二氧化碳
    (E) 土壤中的各種礦物鹽

30. 下列哪些哺乳動物的器官或組織，可以分為皮質與髓質？
    (A) 腎臟　(B) 腎上腺　(C) 甲狀腺　(D) 小腦　(E) 肝臟

31-32為題組

31. 圖 6 是 11 種昆蟲 A-K 的棲息環境特性（Y 軸）與寄主植物（X 軸）的關係圖。根據此圖的有關敘述，下列哪些選項正確？

    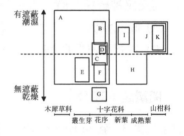
    圖 6

    (A) 取食山柑科植物的昆蟲只有一種
    (B) 取食十字花科植物花序的昆蟲有 5 種
    (C) 取食十字花科的昆蟲一定可以取食木犀草科植物
    (D) 僅兩種昆蟲可能同時以山柑科和十字花科植物為食
    (E) 取食十字花科植物葉片的種類比取食十字花科植物花序的來得少

32. 若圖 6 Y 軸中點連線（虛線）表示對棲息環境無所偏好，則下列哪些敘述正確？
    (A) 偏好乾燥環境的昆蟲有 5 種
    (B) 昆蟲 H 偏好棲息在陽光充足的環境
    (C) 取食山柑科的昆蟲都棲息在潮濕環境
    (D) 昆蟲 J 的環境需求較昆蟲 K 來得嚴苛
    (E) 棲息在潮濕環境的種類比乾燥環境的為多

33. 下列有關動物、排泄器官與所排含氮廢物的組合，哪些正確？
    (A) 烏鴉：腎臟：尿酸　　　(B) 蚯蚓：腎管：氨
    (C) 長頸鹿：腎臟：尿素　　(D) 蜘蛛：馬氏小管：尿酸
    (E) 渦蟲：原腎管：氨

34. 下列有關血紅素功能的敘述，哪些正確？
    (A) 結合氧　　　　　　　　(B) 結合二氧化碳　　(C) 結合氫離子
    (D) 參與酸鹼平衡　　　　　(E) 參與免疫功能

35. 副交感神經興奮時，會引起下列哪些生理反應？
    (A) 瞳孔擴大　　　　　　　(B) 心跳減緩　　　　(C) 胃液分泌增多
    (D) 氣管平滑肌收縮　　　　(E) 血管口徑縮小

三、閱讀題（21分）

說明：　第36至44題，包含單選題與多選題，單選題有四個選項，多
　　　　選題有五個選項，每題選出最適當的選項，標示在答案卡之「選
　　　　擇題答案區」。單選題每題答對得2分，答錯或劃記多於一個
　　　　選項者倒扣2/3分。多選題每題答對得3分，各選項獨立計分，
　　　　每答對一個選項，可得0.6分，每答錯一個選項，倒扣0.6分，
　　　　完全答對得3分，整題未作答者，不給分亦不扣分。倒扣到本
　　　　大題之實得分數爲零爲止。

閱讀一

　　　演化與分類學理論於二十世紀有了革命性的發展，此發展源自德
國昆蟲學者威利·赫尼格的主張。認爲分類必須反映親緣關係，而親緣
關係只能藉由共祖關係的確認獲致。他認爲當我們分析生物間的親緣
關係時，可以將有變異的同源特徵分爲較爲原始的「祖先特徵」以及
較爲進化的「衍生特徵」，而共同擁有相同的衍生特徵才能當作生物

親緣關係接近來自同一祖先的證據。赫尼格還進一步將生物分為「單系群」、「並系群」與「複系群」等三類，分別定義為「單系群」：成員演化自同一共同祖先，並包含由此一祖先演化出來的所有成員；「並系群」：成員演化自同一共同祖先，但是沒有包含由此一祖先演化出來的所有成員；「複系群」：成員演化自不同祖先。赫尼格指出只有「單系群」才是合理的分類群，「並系群」與「複系群」則否。赫尼格的理論被稱為支序系統學。

圖7便是某學者根據赫尼格理論所作鳥類和爬蟲類的親緣關係圖。

依據上文內容和習得的知識以及圖7，
回答第 36-38 題：

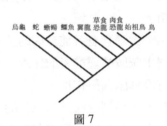

圖7

36. 根據赫尼格的理論，下列哪些選項中的兩群分類群可合為一單系群？（多選）
    (A) 蛇與蜥蜴　　　(B) 鱷魚與蜥蜴　　　(C) 鳥與始祖鳥
    (D) 鱷魚與翼龍　　(E) 肉食恐龍與草食恐龍

37. 根據赫尼格的理論，下列關於鳥類和爬蟲類的敘述，何者正確？（單選）
    (A) 爬蟲類是一並系群
    (B) 恐龍是合理的分類群
    (C) 鱷魚和烏龜的親緣關係要比鱷魚和鳥類的親緣關係來得近
    (D) 鳥類和爬蟲類分為獨立的兩個分類群是合理的

38. 下列關於鳥、始祖鳥和翼龍的敘述，何者正確？（單選）
    (A) 翼龍和始祖鳥均有翅，而有翅是兩者的共有衍生特徵
    (B) 始祖鳥和鳥翅上均有羽，而有羽是兩者的共有衍生特徵

(C) 翼龍和始祖鳥翅上均有爪，而有爪是兩者的共有衍生特徵

(D) 始祖鳥口中有齒，鳥口中無齒，而有齒相對於無齒是較為進化的衍生特徵

閱讀二

　　自古以來人們便常將大蒜用於烹飪和醫藥，大蒜含有各種抗氧化物質如維生素 A、C 與 E 以及硒，能清除各種自由基，有保護心臟的作用。

　　大蒜含有各種含硫的胺基酸如蒜素半胱胺酸，切開或壓碎後，蒜素半胱胺酸經酵素的作用，會分解並產生多種嗆鼻氣味的硫化物，具有降低膽固醇作用，其中一種硫化物是硫化氫。硫化氫本是有毒的氣體，會抑制呼吸鏈的氧化酶，濃度過高時，會導致動物失去知覺甚至死亡。動物實驗發現蒜素半胱胺酸能減輕心肌梗塞症狀，結紮冠狀動脈後的大鼠，若給予蒜素半胱胺酸，梗塞面積與心室肥大都明顯小於對照組，且心肌收縮力增強，左心室肌細胞內胱硫醚連接酶的活性增加，這種酵素可催化硫化氫產生，使血漿裡的硫化氫量增加。實驗結果顯示經蒜素半胱胺酸處理的動物，死亡率大為降低。

依據上文內容和習得的知識，回答第 39-41 題：

39. 大蒜保護心臟的主要作用是什麼？（多選）
    (A) 抗氧化作用　　　　(B) 產生硫化氫　　　(C) 抑制氧化酶
    (D) 抑制胱硫醚連接酶　(E) 抗病毒與滅菌作用

40. 大蒜在切開後具有特殊嗆鼻味最主要的原因是什麼？（單選）
    (A) 蒜頭裡有蒜素半胱胺酸
    (B) 蒜頭裡含有蒜素半胱胺酸酶
    (C) 蒜素半胱胺酸分解後的產物
    (D) 蒜素半胱胺酸經胱硫醚連接酶作用而產生硫化氫

41. 下列那一項最適合當做這篇短文的標題？（單選）
　　(A) 大蒜具維生素的作用　　　(B) 大蒜降低心肌梗塞的機制
　　(C) 大蒜具降低膽固醇的作用　(D) 硫化氫具有毒害作用

閱讀三

　　蛋白質藥物的生產，可藉重組 DNA 技術，將載有外源基因及抗藥基因的質體送入大腸桿菌或中國倉鼠卵巢細胞內，再利用含有抗藥基因所生成抗生素的培養基來培養細菌或細胞，進而得到外源基因的表現產物，如胰島素、干擾素、溶體水解酵素等，可應用在治療人類疾病。除上述方法外，基因轉殖動物（如牛、綿羊）的乳腺亦可作為生產蛋白質藥物的表現系統。其方法為先建構一個重組 DNA，利用顯微注射法，將此人類外源 DNA 嵌入動物受精卵，藉以繁殖出具轉殖基因的品種。此一重組 DNA 包含了重組蛋白質及啟動子的 DNA 序列，啟動子片段將指示轉殖動物在乳腺生產人類重組蛋白質，如乳鐵素、凝血因子、生長激素等，將這些動物大規模飼養繁殖後，可以從乳汁中萃取與純化表現的重組蛋白質，製成藥物。

　　上述利用大腸桿菌、中國倉鼠卵巢細胞或基因轉殖動物的乳腺生產的重組蛋白質，與人類自然產生的蛋白質有相同的胺基酸序列，並可避免純化自人體的產品可能帶有傳染人類疾病的風險，唯重組蛋白質的轉譯後修飾可能會有所差異。蛋白質的轉譯後修飾包括：寡醣被接到天門冬醯胺的胺基（$-NH_2$）或絲胺酸/酥胺酸側鏈（R）的羥基（$-OH$）、磷酸被接到絲胺酸/酥胺酸/酪胺酸側鏈的羥基、甲基及乙醯基被接到蛋白質的胺基端、半胱胺酸側鏈的硫氫基（$-SH$）氧化成雙硫鍵、胺基端少許胺基酸被移去、多胜肽鏈在特殊位置被斷裂或與金屬結合等，此等轉譯後修飾的差異可能影響蛋白質的生物活性。

依據上文內容和習得的知識，回答第 42-44 題：

42. 遺傳工程使用的質體常帶有抗藥基因，其用途為何？（單選）

   (A) 增加轉殖基因的功能

   (B) 增加細菌或細胞抗藥性

   (C) 篩選基因轉殖成功的細菌或細胞

   (D) 促進細菌或細胞生產重組蛋白質

43. 欲利用基因轉殖綿羊的乳腺生產人類的凝血因子，下列哪一種啟動子序列是最好的選擇？（單選）

   (A) 血紅素啟動子　　　(B) 乳蛋白素啟動子

   (C) 凝血基因啟動子　　(D) 生長激素啟動子

44. 依據蛋白質轉譯後修飾的情形，推測下列哪些胺基酸有相似的性質？（多選）

   (A) 絲胺酸　　　　(B) 酥胺酸　　　　(C) 酪胺酸

   (D) 半胱胺酸　　　(E) 天門冬醯胺

第貳部分：非選擇題（佔 29 分）

說明：本大題共有四題，都要用較粗的黑色或藍色的原子筆、鋼珠筆或中性筆書寫。答案務必寫在「答案卷」上，並於題號欄標明題號（一、二、三、四）與子題號（1、2、…）。作答時不必抄題。每題配分標於題末。

一、 某學者到一闊葉樹林進行兩棲類資源調查，希望瞭解棲息在該地的兩棲類的物種總數。他以 X 軸標示調查次數，Y 軸標示調查結果的累積種類數，將調查結果繪製成圖形。

   1. 調查結果最可能呈現什麼樣的圖形？（2分）

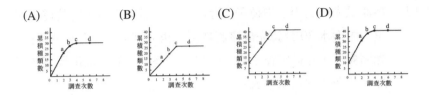

2. 兩棲類物種總數都已調查完成的最早時間點應位於圖中哪一點？理由為何？（2分）

3. 實際進行調查時，調查完成的時間點通常與第 2 小題時間點不同，應位於圖中哪一點？理由為何？（2分）

二、 試以模板（DNA 或 RNA）、發生部位（細胞核或細胞質）、產物（DNA、RNA 或蛋白質），比較真核生物的複製、轉錄及轉譯作用。（每小格 1 分，共計 6 分）

	複製	轉錄	轉譯
模板	DNA	1.	2.
發生部位	3.	細胞核	4.
產物	5.	6.	蛋白質

三、 人體甲狀腺素具有多種功能，其恆定藉由負回饋機制來調節。若以動物做實驗，移除右側甲狀腺，則理論上將發生多項影響。試回答下列四小題：

1. 全身代謝率會有何變化？（2分）

2. 左側甲狀腺會發生何種變化？（2分）

3. 血液中何種激素會減少？（2分）

4. 血液中何種激素會增加？（2分）

四、 為測試光照對甲植物種子萌芽的影響，研究人員先將其種子在黑暗中泡水 30 分鐘完成浸潤作用，再分別進行 5 分鐘的不同光照處理，隨後將種子移入暗房中培養，一週後取出觀察並記錄種子萌芽的結果如表 4。

表 4

光照處理	實驗結果
a) 紅光，5 min → 連續黑暗	99 顆萌芽；1 顆不萌芽
b) 紅光，2 min → 遠紅光，3 min → 連續黑暗	2 顆萌芽；98 顆不萌芽
c) 遠紅光，5 min → 連續黑暗	4 顆萌芽；96 顆不萌芽
d) 遠紅光，2 min → 紅光，3 min → 連續黑暗	95 顆萌芽；5 顆不萌芽
e) 綠光，5 min → 連續黑暗	3 顆萌芽；97 顆不萌芽
f) 紅光，2 min → 綠光，3 min → 連續黑暗	93 顆萌芽；7 顆不萌芽
g) 藍光，5 min → 連續黑暗	62 顆萌芽；38 顆不萌芽
h) 遠紅光，2 min → 藍光，3 min → 連續黑暗	50 顆萌芽；50 顆不萌芽

註：各種色光均控制在相同的低光照強度（光子數/單位面積•單位時間）。

試根據表 4 資料，回答下列四題：

1. 研究人員能否得到「甲植物的種子需有適當光照才能萌芽」的結論？原因何在？（2分）

2. 若甲植物的種子在浸潤之後，確實需要適當的光照才能萌芽，則單獨採用哪幾種色光的照射可促進種子萌芽？請依其促進種子發芽的效果，由強至弱按順序列出。（2分）

3. 若甲植物的種子在浸潤之後，主要是透過光敏素的作用才會萌芽，則根據表 4 資料推論，光敏素可吸收哪幾種不同的色光？（3分）

4. 在本實驗中，種子為何要先在「黑暗中」完成 30 分鐘泡水的浸潤作用呢？（2分）

九十七年度指定科目考試生物科試題詳解

第壹部分：選擇題

一、單選題

1. **B**

　【解析】(A) 愛滋病毒主要侵犯輔助 T 細胞

　　　　　(C) 外套膜位在病毒外殼之外

　　　　　(D) 應利用寄主細胞的蛋白質和核酸組成新病毒

2. **D**

　【解析】(A) 吞噬細胞沒有專一性

　　　　　(B) 應是肥大細胞釋出組織胺

　　　　　(C) 紅血球不會滲出微血管

3. **A**

　【解析】(B) 互換應發生在第一次減數分裂前期

　　　　　(C) 同源染色體分離發生在第一次減數分裂後期

　　　　　(D) 第二次減數分裂後，染色體已不成對

4. **B**

　【解析】(A) 磷僅見於核酸中

　　　　　(C) 代謝主要能源來自葡萄糖分解

　　　　　(D) 蛋白質含量僅次於水

5. **A**

【解析】 (B) 應爲亞硝酸鹽

(C) 應爲點突變的結果

(D) 應爲含氮鹼基發生改變

6. **C**

【解析】 僅哺乳類動物紅血球無核

7. **C**

【解析】 重症肌無力爲乙醯膽鹼受體被抗體佔據，導致無法引發肌肉收縮

8. **B**

【解析】 T 波代表心事再極化，心室舒張

9. **D**（答案應爲 **B**）

【解析】 獵物增加，捕食者才會增加，而捕食者增加導致獵物減少

10. **B**

【解析】 唾液分泌主要與第 7、9 對腦神經有關

11. **D**

【解析】 因爲蜜蜂與傳粉有關

12. **C**

【解析】 本題僅蒲公英利用風傳種子，故主動散播能力最強

13. **D**

　【解析】 地衣是藻類和眞菌的共生體

14-15 為題組

14. **B**

　【解析】 由表得知，應和銀離子有關

15. **A**

　【解析】 花的凋萎與乙烯有關

16. **A**

　【解析】 生長素促使頂芽優勢

17. **C**

　【解析】 根部吸收水分與鹽類主要利用滲透和主動運輸

18. **A**

　【解析】 體色淺較能適應淺色沙漠環境，故選 (A)

19. **C**

　【解析】 因爲澳洲已發生地理隔離

20. **D**

　【解析】 由圖知，此爲 44＋XY，爲正常男性

二、多選題

21. **AC**

【解析】 因粒線體爲內共生而來，故具有原核細胞特徵 M，
故選 (A) (C)

22. **CD**

【解析】 (A) 各產生兩種配子

(B) 應爲 1：1

(E) 應爲 0

23. **AE**

【解析】 (C) 多基因遺傳性狀具連續性

(D) 應爲複對偶基因遺傳

24. **DE**

【解析】 由表知，單子葉植物下表皮氣孔數較多

25. **BD**

【解析】 本題爲基本觀念題

26. **AC**

【解析】 (B) 應到達篩管

(D) 應爲互利共生

(E) 應主要分佈在莖部

27. **AC**

　　【解析】(B) 應爲丙

　　　　　　(D) 能量塔不討論分解者

　　　　　　(E) 生產者有可能能爲藻類

28-29 爲題組

28. **AB**

　　【解析】重要與否與含量無關

29. **ACD**（答案應爲 **AD**）

　　【解析】C、H、O 主要由光合作用而來，故本題 (C) 選項有疑問

30. **ABD**

　　【解析】甲狀腺與肝臟沒有皮質、髓質之分

31-32 爲題組

31. **DE**

　　【解析】(A) 由圖知，應有 H K J 三種

　　　　　　(B) 由圖知，應有 6 種

　　　　　　(C) 僅 A 才有

32. **CE**

　　【解析】(A) 由圖知，應有 6 種

　　　　　　(B) H 在有光無光皆可

　　　　　　(D) K 較 J 嚴苛

33. **ACD**

　　【解析】 (B) 蚯蚓的腎管主要排尿素

　　　　　　 (E) 原腎管只排水

34. **ABCD**

　　【解析】 紅血球與免疫無關

35. **BCD**

　　【解析】 (A) 瞳孔會縮小

　　　　　　 (E) 血管口徑放大

三、閱讀題

閱讀一

36. **AC**

　　【解析】 由文中得知，應選 (A) (C)

37. **A**

　　【解析】 由文中得知，鳥類與爬蟲類唯一並系群

38. **B**

　　【解析】 由文中題意得知

閱讀二

39. **AB**

　　【解析】 由文中得知，應選 (A) (B)

40. **C**

　　【解析】 依文中所述，故選 (C)

41. **B**

　　【解析】 (A) (C) (D) 文章皆無提此關係

閱讀三

42. **C**

　　【解析】 做篩選用，故選 (C)

43. **B**

　　【解析】 依文中所述，故選 (B)

44. **AB**

　　【解析】 因 (A) (B) 按文章所述，性質最爲相似

第貳部分：非選擇題

一、【解答】 1. B
　　　　　　2. c．c 與 d 所得數值相似，可知在 c 點所得數值已完備
　　　　　　3. d．調查數值需經 2 次或多次驗證

二、【解答】　1. DNA

2. mRNA

3. 細胞核

4. 細胞質

5. DNA

6. RNA

三、【解答】　1. 代謝率在移除初期會先下降，之後透過負迴餽機
制調整而回復至正常狀況

2. 腫大、增生

3. 甲狀腺素

4. 促甲狀腺素

四、【解答】　1. 可以

2. 紅光＞藍光＞綠光＞遠紅光

3. 紅光、藍光、遠紅光、綠光

4. ① 去除色光影響

② 浸潤種皮，促使萌芽

九十七學年度指定科目考試（生物）

大考中心公佈答案

題號	答案	題號	答案	題號	答案
1	B	21	AC	41	B
2	D	22	CD	42	C
3	A	23	AE	43	B
4	B	24	DE	44	AB 或 ABC
5	A	25	BD		
6	C	26	AC		
7	C	27	AC		
8	B	28	AB		
9	D	29	ACD		
10	B	30	ABD		
11	D	31	DE		
12	C	32	CE		
13	D	33	ACD		
14	B	34	ABCD		
15	A	35	BCD		
16	A	36	AC		
17	C	37	A		
18	A	38	B		
19	C	39	AB		
20	D	40	C		

九十七學年度指定科目考試
各科成績標準一覽表

科　目	頂　標	前　標	均　標	後　標	底　標
國　文	64	58	49	38	30
英　文	76	64	41	20	9
數學甲	77	64	43	23	13
數學乙	71	58	39	21	11
化　學	69	56	36	19	10
物　理	63	49	29	14	7
生　物	72	63	49	35	25
歷　史	62	52	37	23	14
地　理	68	62	51	38	27

※ 以上五項標準均取爲整數（小數只捨不入），且其計算均不含缺考生之成績，
　計算方式如下：

　頂標：成績位於第88百分位數之考生成績。
　前標：成績位於第75百分位數之考生成績。
　均標：成績位於第50百分位數之考生成績。
　後標：成績位於第25百分位數之考生成績。
　底標：成績位於第12百分位數之考生成績。

例： 某科之到考考生爲99982人，則該科五項標準爲

　　頂標：成績由低至高排序，取第87985名（99982×88%=87984.16，取整數，
　　　　　小數無條件進位）考生的成績，再取整數(小數只捨不入)。

　　前標：成績由低至高排序，取第74987名（99982×75%=74986.5，取整數，
　　　　　小數無條件進位）考生的成績，再取整數(小數只捨不入)。

　　均標：成績由低至高排序，取第49991名（99982×50%=49991）考生的成績，
　　　　　再取整數(小數只捨不入)。

　　後標：成績由低至高排序，取第24996名（99982×25%=24995.5，取整數，
　　　　　小數無條件進位）考生的成績，再取整數(小數只捨不入)。

　　底標：成績由低至高排序，取第11998名（99982×12%=11997.84，取整數，
　　　　　小數無條件進位）考生的成績，再取整數(小數只捨不入)。

九十六年大學入學指定科目考試試題
生物考科

第壹部分：選擇題（佔 70 分）

一、單選題（20 分）

說明：第 1 至 20 題，每題選出一個最適當的選項，標示在答案卡之
　　　「選擇題答案區」。每題答對得 1 分，答錯或劃記多於一個
　　　選項者倒扣 1/3 分，倒扣到本大題之實得分數為零為止，整
　　　題未作答者，不給分亦不扣分。

1. 在淡水河、大甲溪和濁水溪等大河流源頭的水域，其共同具有的
   生態特色為何？
   (A) 溶氧高　　　　　　　　(B) 水質偏酸
   (C) 生產者多　　　　　　　(D) 光合作用旺盛

2. 下列何者最適合表示一般酵素活性和溫度的變化關係？

   (A) 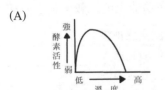　　　　(B)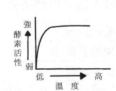

   (C) 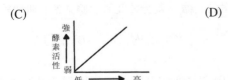　　　　(D)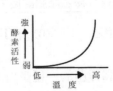

3. 豌豆的遺傳性狀，種皮黃色對綠色為顯性，若以異型合子進行自交，則其子代豆莢中的三粒種子皆為黃色的機率為何？
   (A) 12/64　　　(B) 27/64　　　(C) 36/64　　　(D) 48/64

4. 在分析族群年齡結構時，通常將族群分為生殖前期 (甲)、生殖期 (乙) 及生殖後期 (丙) 等三個年齡層，比較這三個年齡層成員數量在族群中所佔的比例，可推測該族群未來的成長情形。下列何者可能是瀕危物種的族群？
   (A) 甲＞乙＞丙　　　　　　　(B) 甲＞乙＝丙
   (C) 甲＝乙＝丙　　　　　　　(D) 甲＜乙＜丙

5. 根據器官的演化來源判斷，下列何者互為「同源器官」？
   甲、海狗及鯨的游泳肢
   乙、貓的爪及攀木蜥蜴的爪
   丙、蜻蜓的翅及食果蝙蝠的飛膜
   丁、蝴蝶的吸蜜口器及蚊子的吸血口器
   (A) 甲丙　　　(B) 甲乙丙　　　(C) 甲乙丁　　　(D) 乙丙丁

6. 下表為人體交感神經與副交感神經在功能上的比較，何者正確？

	交感神經	副交感神經
甲	使瞳孔縮小	使瞳孔放大
乙	使心跳變快	使心跳變慢
丙	能分泌正腎上腺素使血壓上升	能分泌乙醯膽鹼使血壓下降
丁	能分泌乙醯膽鹼使平滑肌收縮	能分泌正腎上腺素使心肌收縮

   (A) 甲乙　　　(B) 甲丁　　　(C) 乙丙　　　(D) 丙丁

7. 若大腸桿菌的一種蛋白質由 250 個胺基酸組成，則對應此蛋白質的基因密碼區，其雙股 DNA 至少含有多少個核苷酸？
   (A) 250　　　(B) 500　　　(C) 750　　　(D) 1500

8. 正常人空腹時，100mL 血液中含葡萄糖量約 80-110mg。甲、乙
   兩人分別口服 100g 葡萄糖液之後，連續測其血糖濃度的變化如
   圖 1。根據此圖判斷，下列敘述何者最合理？

   (A) 甲的肝臟正常，調節血糖濃度的
   　　反應較快

   (B) 乙的胰臟異常，調節血糖濃度的
   　　反應較慢

   (C) 甲的胰臟正常，能快速吸收葡萄
   　　糖而使血糖濃度升高

   (D) 乙的胰臟正常，能快速促進血糖濃度降
   　　回正常範圍，而有調節血糖濃度的功能

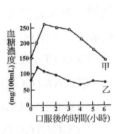

圖 1

9. 下列何者發生主動運輸的可能性最低？
   (A) 根部的內皮細胞　　　　(B) 維管束的導管細胞
   (C) 葉肉的柵狀組織細胞　　(D) 莖基本組織的薄壁細胞

10. 科學家已經證實，利用噬菌體甲的蛋白質外殼和噬菌體乙的
    DNA 可建構出組裝型噬菌體X。若利用X去感染寄主細菌，
    則下列何者為X的後代組成？
    (A) 甲的蛋白質外殼和乙的 DNA
    (B) 乙的蛋白質外殼和甲的 DNA
    (C) 甲的蛋白質外殼和甲的 DNA
    (D) 乙的蛋白質外殼和乙的 DNA

11. 圖 2 為人體眼球構造的示意圖。當眼睛看
    遠處時，下列有關圖中甲乙變化的敘述，
    何者正確？
    (A) 睫狀肌收縮，懸韌帶拉緊，使甲變大
    (B) 睫狀肌收縮，懸韌帶放鬆，使甲變小

圖 2

(C) 睫狀肌舒張，懸韌帶拉緊，使乙變扁平

(D) 睫狀肌舒張，懸韌帶放鬆，使乙變凸出

12. 氫鍵多寡決定雙股 DNA 變性分離成單股的難易程度，下列 4 個雙股 DNA 序列，何者最容易變性分離成單股？

(A) GGATTACCAATTCAT
    CCTAATGGTTAAGTA

(B) GGCGTACCATTTAAT
    CCGCATGGTAAATTA

(C) GGCGTACCAGCGCAT
    CCGCATGGTCGCGTA

(D) ATAGTACCAGCGCAT
    TATCATGGTCGCGTA

13. 下列何者是肺臟與腎臟都具有的功能？

(A) 調節體液容積的恆定

(B) 維持紅血球數量的恆定

(C) 維持血液酸鹼度的恆定

(D) 調節體內礦物質濃度的恆定

14. 圖 3 為巴斯德實驗的鵝頸瓶，若將鵝頸瓶 X 部位的玻璃管切斷，讓空氣進入瓶中，則其冷却後的培養液內，最早出現且數量最多的生物為何？

(A) 綠色生產者

(B) 異營微生物

(C) 自營微生物

(D) 化學合成微生物

圖 3

15. 臺灣地區常見的魚類中，下列何者對環境鹽度變化的忍受程度較寬廣？

(A) 河口的彈塗魚

(B) 海中迴游的烏魚

(C) 礁岩中的石斑魚

(D) 溪流中的高身鯝魚

16. 生活在沙漠地區的動物，在生理、構造或行為方面，往往有一些
　　獨特的適應方式。下列何者可能是沙漠動物的適應方式？
　　(A) 偏好集體活動　　　　　　(B) 含氮廢物以結晶方式排出
　　(C) 大都視覺不發達　　　　　(D) 具有黑色的皮毛或外骨骼

17. 「白蟻和其消化道內鞭毛蟲」的交互作用，與下列何者最相近？
　　(A) 老虎與被其捕食的山羊
　　(B) 人與其消化道內的蛔蟲
　　(C) 寄居蟹與其體外的海葵
　　(D) 樟木與附生其樹幹上的蝴蝶蘭

18. 植物光合作用中的光反應，其主要功能為何？
　　(A) 固定二氧化碳　　　　　　(B) 產生 ATP 和 NADPH
　　(C) 利用 ATP 產生葡萄糖　　　(D) 由二氧化碳和水產生葡萄糖

19. 下列單子葉與雙子葉植物根或莖的橫切面中，哪一選項中的構造
　　可能來自同一植物？

(甲)　　　　　　　　　　　　(乙)

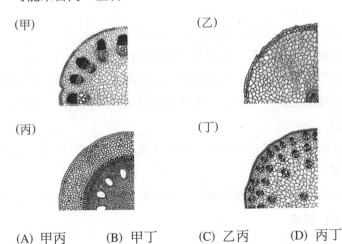

(丙)　　　　　　　　　　　　(丁)

　　(A) 甲丙　　　(B) 甲丁　　　(C) 乙丙　　　(D) 丙丁

20. 利用顯微鏡測量人體口腔皮膜細胞的大小
　　時，若低倍鏡下所觀察到的視野如圖 4，
　　當物鏡由低倍鏡改換為高倍鏡時，則所觀
　　察到的視野應為下列何者？

圖 4

(A)　　　　　　(B)　　　　　　(C)　　　　　　(D)

二、多選題（28 分）

說明：第 21 至 34 題，每題各有 5 個選項，其中至少有一個是正確
　　　的。選出正確選項，標示在答案卡之「選擇題答案區」。每
　　　題 2 分，各選項獨立計分，每答對一個選項得 0.4 分，每答
　　　錯一個選項倒扣 0.4 分，完全答對得 2 分，整題未作答者，
　　　不給分亦不扣分。在備答選項以外之區域劃記，一律倒扣
　　　0.4 分。倒扣到本大題之實得分數為零為止。

21. 下列有關動物的構造與功能之敘述，哪些正確？
　　(A) 口腔黏膜細胞的形狀呈扁平，有利於保護口腔
　　(B) 微血管的直徑很小、流速很慢、管壁極薄，有利於物質交換
　　(C) 小動脈和心臟內有瓣膜，有利於管制血液的重新分配並防止
　　　　逆流
　　(D) 肺部的肺泡有豐富的平滑肌及彈性纖維，有利於呼吸時的縮
　　　　小或膨脹
　　(E) 骨骼內沈積礦物質而變堅硬，沒有神經或血管的分布，有利
　　　　於支撐體重

22. 下列有關離子在生物體之功能或作用的敘述，哪些正確？
    (A) 保衛細胞內 K^+ 濃度增加，能夠使植物氣孔關閉
    (B) 血漿中 HCO_3^- 濃度上升，能夠降低血液的酸鹼度
    (C) 神經細胞內 K^+ 濃度減少，能夠促進神經元的去極化
    (D) 血液中 H^+ 濃度上升，能夠促使呼吸運動的頻率與深度增加
    (E) 神經軸突末梢內 Ca^{++} 濃度升高，能夠促使神經傳遞物質的
        釋放

23. 下列有關植物受環境刺激而開花的敘述，哪些正確？
    (A) 溫度和照光時間長短都可能與植物開花有關
    (B) 若以閃光中斷黑暗期，不可能促進長日照植物開花
    (C) 若以閃光中斷短日照植物的黑暗期，會促進植物開花
    (D) 長日照植物開花所需的照光時間，不一定比短日照植物長
    (E) 光敏素受光的刺激後，可能引發植物體內與開花相關的生
        理反應

24. 下列有關人體構造或功能的敘述，哪些正確？
    (A) 人體的淋巴球在胸腺中可發育成 T 細胞
    (B) 小腸絨毛中的乳糜管也是一種微淋 (巴) 管
    (C) 動脈因寄生蟲的堆積而阻塞時，會引起水腫
    (D) 胸管是最粗的淋巴管，其末端直接與上腔靜脈相接
    (E) 微淋 (巴) 管相當於微血管，一端接小靜脈另一端接小淋
        巴管

25. 在某小島上的一種啄木鳥，其喙
    長分布如圖 5A，而其唯一的食
    物是一種在樹幹中的蟲，其深度

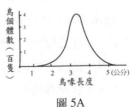

圖 5A

分布如圖 5B。甲、乙、丙、丁、
戊五位同學討論「第一子代鳥喙
的可能長度如何？」其說法分別
如下列，則哪些同學的說法合理？

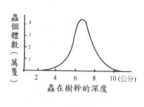

圖 5B

甲：都比父母長。因為鳥需要適
　　應它們的環境

乙：都比父母長。因為較長的鳥喙是生存所必需的

丙：都比父母短。因為在樹幹淺處就很容易捕捉到蟲

丁：不一定比父母長。因為後代相較於父母的變異是隨機的

戊：不一定比父母長。僅一代的時間還不足以演化出較長的
　　鳥喙

(A) 甲　　　(B) 乙　　　(C) 丙　　　(D) 丁　　　(E) 戊

26. 下列哪些敘述只會出現在精子形成的過程，而<u>不會</u>發生於皮膚
細胞的增生？

(A) 紡錘體的形成

(B) 同源染色體的配對

(C) 同源染色體濃縮變短

(D) 姐妹染色分體的形成

(E) 同源染色體的基因互換

27. 有關 DNA 與 RNA 的比較，下列敘述哪些正確？

(A) 二者均含去氧核糖和磷酸根

(B) 通常 DNA 為雙股結構，RNA 為單股結構

(C) DNA 含五碳糖，RNA 含六碳糖

(D) DNA 是核苷酸的聚合物，RNA 是核酸的聚合物

(E) DNA 含胸腺嘧啶，RNA 含脲嘧啶

28-29為題組

28. 圖6為人類某遺傳疾病之族譜。
○代表女性，□代表男性，實心
的●、■則代表遺傳疾病患者。
此疾病的遺傳模式為何？

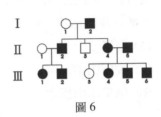

圖6

(A) 隱性遺傳　　　(B) 顯性遺傳

(C) 性聯遺傳　　　(D) 半顯性遺傳

(E) 體染色體遺傳

29. 承上題，下列哪些個體可確定是帶有該疾病基因的異型合子？

(A) II-2　　　(B) II-3　　　(C) III-1

(D) III-2　　　(E) III-3

30. 下列有關科學家在生物學發展史之貢獻或成就的敘述，哪些
正確？

(A) 佛萊明發現青黴素

(B) 摩根發現神經軸突上的髓鞘細胞

(C) 雷文霍克發現細菌

(D) 孟德爾提出「分離律」和「自由分配律」

(E) 許旺發現基因聯鎖與互換

31. 下列與被子植物生殖與發育相關的敘述，哪些正確？

(A) 番茄花的子房內應有多個胚珠

(B) 被子植物的繁殖不一定要經過開花

(C) 荔枝花的子房內應只有一個胚珠

(D) 玉米種子萌發所需的養分主要來自子葉

(E) 花粉管的精細胞與胚珠的極細胞結合形成受精卵

32. 奧國動物行為學家勞倫斯以小鵝為研究對象時，發現小鵝具有印痕行為。如果當時他用下列哪些動物做實驗，就不可能發現到像小鵝一樣的印痕行為？

    (A) 帝雉　　　　　　　　　(B) 黃鼠狼

    (C) 長鬃山羊　　　　　　　(D) 櫻花鈎吻鮭

    (E) 阿里山山椒魚

33. 下列有關根瘤菌的敘述，哪些正確？

    (A) 根瘤菌協助植物的固氮作用不需消耗能量

    (B) 根瘤菌的固氮作用需要酵素的協助才能進行

    (C) 根瘤菌與豆科植物的交互作用是互利共生的關係

    (D) 根瘤菌寄生在植物根部導管使其增生膨大成瘤狀

    (E) 根瘤菌是唯一可幫助植物體利用空氣中氮元素的生物

34. 最近科學家在印尼的小島上，發現一些類似智人 (*Homo sapiens*) 的化石，經研究比對相關的化石後，確認這些化石是屬於「人屬」的動物，命名為哈比人 (*H. floreneses*)。依據下列哪些資訊可以認定這些化石是屬於「人屬」的動物？

    (A) 吻部長　　　　　　　　(B) 眉脊突出

    (C) 犬齒不發達　　　　　　(D) 眼窩偏向頭顱的兩側

    (E) 洞穴附近有大量動物骨骼化石及有些燒成炭的骸骨

三、閱讀題（22 分）

說明：第 35 至 45 題，每題選出一個最適當的選項，標示在答案卡之「選擇題答案區」。每題答對得 2 分，答錯或劃記多於一個選項者倒扣 2/3 分，整題未作答者，不給分亦不扣分。倒扣到本大題之實得分數為零為止。

閱讀一

　　2005 年諾貝爾生理醫學獎頒給 B. Marshall 和 R. Warren，以表揚他們兩人發現胃幽門螺旋桿菌是造成胃潰瘍的主因。他們發現該細菌含有大量的尿素酶，可將寄主胃黏膜中的尿素 $CO(NH_2)_2$ 快速分解為 NH_3 和 CO_2。於是他們推想：若讓病人服用含有同位素碳 (^{13}C) 的尿素，並且讓該細菌有足夠的時間分解尿素，則病人呼出的二氧化碳中必定有些是 $^{13}CO_2$。因此設計了一套簡單的「尿素呼氣測試法」，以檢查受試者的胃中是否有胃幽門螺旋桿菌。尿素呼氣測試法的過程包含下列四個步驟：

一、 喝試劑前，受試者先呼一口氣體封入第一個袋中。

二、 受試者喝下含有碳同位素之尿素試劑。

三、 經過 15－20 分鐘後，受試者再呼一口氣體封入第二個袋中。

四、 檢驗兩袋氣體並比較其中 $^{13}CO_2$ 的含量，以判定受試者的胃中是否有胃幽門螺旋桿菌。

依據上文內容和習得的知識，回答第 35-38 題：

35. 「受試者先呼一口氣體封入第一個袋中」步驟之目的為何？
　　(A) 練習呼氣　　　　　　　(B) 測試儀器
　　(C) 當作實驗組　　　　　　(D) 當作對照組

36. 尿素呼氣測試法的過程中，受試者呼出的 $^{13}CO_2$ 是藉由下列何種方式由胃送到肺？
　　(A) 擴散作用　　(B) 滲透作用　　(C) 主動運輸　　(D) 血液循環

37. 尿素呼氣測試法能夠證明胃幽門螺旋桿菌的存在，其原理與下列何種酶的關係最為密切？
　　(A) 脂質酶　　(B) 尿素酶　　(C) 蛋白酶　　(D) 碳酸酐酶

38. 若對上文下一個標題，則下列何者最合適？

　　(A) 尿素呼氣測試法檢驗胃功能

　　(B) 探討胃潰瘍與胃內氣體的關係

　　(C) 2005 年諾貝爾獎頒給胃幽門螺旋桿菌

　　(D) 尿素呼氣測試法檢驗胃幽門螺旋桿菌的原理

閱讀二

　　2006 年諾貝爾生理醫學獎頒給研究線蟲的美國科學家 A.Z. Fire 和 C.C. Mello，以表彰他們發現 RNA 干擾現象（RNA interference, 簡稱 RNAi）及技術。其原理是在基因表現的過程中，若某特定基因轉錄產生特定的 mRNA 時，在細胞質中出現可與此特定 mRNA 互補的某一小段 RNA，並與之形成雙股的 RNA，就會誘發酵素分解此雙股 RNA，使得這個特定基因無法表現。根據這樣的原理，如果用人工方法在細胞質中，加入可和某特定 mRNA 互補的一小段 RNA，就能明確地抑制某特定基因的表現，這種 RNAi 技術可應用於抑制腫瘤生長和病毒複製的研究上，也可用於「關掉」或「減弱」細胞內產生特定性狀之關鍵基因的表現。例如：棉花種子雖然含有極佳的蛋白質，不過，我們不把棉花種子拿來當食物，因為種子中的棉子酚具有毒性。棉花的葉、莖、種子和花等都含有棉子酚，用來保護植株免受病蟲害的侵襲。植物學家曾經利用雜交的方式，成功地培育出不具棉子酚的品種，但因其極易受到病蟲害的侵襲，故無法大量培植。最近科學家利用 RNAi 技術，「減弱」種子內特定基因的表現，使其棉子酚含量減少 98%，但其他器官的含量不受影響，故棉花植株仍具有抵抗病蟲害的能力。

依據上文和習得的知識，回答 39-42 題：

39. 下列何者能將棉花種子內合成棉子酚的遺傳訊息從細胞核帶到細胞質？

    (A) mRNA　　　　(B) tRNA　　　　(C) rRNA　　　　(D) RNAi

40. RNAi 的作用在何處進行？

    (A) 核糖體　　　(B) 細胞核　　　(C) 細胞質　　　(D) 高基氏體

41. 有關棉花種子減少棉子酚的過程中，何者受到 RNAi 的影響最小？

    (A) 細胞質中的 mRNA

    (B) 細胞核中的 DNA 序列

    (C) 細胞質中蛋白質的合成

    (D) 合成棉子酚關鍵基因的表現

42. 下列何者是 RNAi 技術在未來最具發展潛力的項目？

    (A) 用於強化乳牛的乳腺基因以增產乳汁

    (B) 用於引入外來的基因以增加物種多樣性

    (C) 用於抑制病毒基因表現以治療病毒引起的疾病

    (D) 用於降低種子中棉子酚的含量以增加棉花的產量

閱讀三

　　許多含氯化合物、戴奧辛、DDT……等，以及畜牧業經常使用於動物身上的生長激素或化學藥品，這些化學物質進入動物或人體後，會干擾賀爾蒙（激素）的作用，引起內分泌系統失調，稱之為「環境賀爾蒙」。環境賀爾蒙不是生物體本身所產生的物質，而是由外在環境進入生物體內，影響了生物體內正常賀爾蒙的運送、調節、受器結合、訊號產生、細胞代謝反應等，其作用機制可能透過環境賀爾蒙分子模仿、強化或拮抗生物體內正常賀爾蒙的作用。科學家發現當今許

多動物雄性的比例過低，全球的男嬰出生率有逐年下滑的跡象，女性的第二性徵出現的年齡逐漸降低，男性精液中的精子密度降低，雄性個體雌性化，而造成這些問題的主要原因，極有可能就是環境賀爾蒙。

依據上文及習得的知識，回答 43-45 題：

43. 下列何者與環境賀爾蒙<u>最不相關</u>？
    (A) 精液中精子密度降低
    (B) 動物雄性的比例過低
    (C) 某些國家人口過度密集
    (D) 女性乳房發育的年齡降低

44. 下列何者<u>不是</u>環境賀爾蒙的作用機制？
    (A) 加速神經纖維之傳導作用
    (B) 影響生物體內賀爾蒙的運送
    (C) 中斷生物體內賀爾蒙的合成
    (D) 破壞生物體內賀爾蒙與受器的結合

45. 下列有關環境賀爾蒙的敘述，何者正確？
    (A) 環境賀爾蒙是造成恐龍滅絕的原因
    (B) 人為合成的化學物質都是環境賀爾蒙
    (C) 環境賀爾蒙只要少量的分子便可發揮作用
    (D) 環境賀爾蒙對受害個體的下一代完全沒有影響

第貳部分：非選擇題（佔 30 分）

說明：本大題共有四題，答案務必寫在「答案卷」上，並於題號欄標明題號（一、二、三、四）與子題號（1、2、3…）。作答時不必抄題。每小題答對得 2 分。

一、 人體內有許多腺體或構造可以分泌激素，其功能為調節並維持身
　　 體生理狀況的恆定。代號甲～戊代表激素，A～E代表其生理功能。
　　 甲、褪黑激素　　　　　乙、昇糖素　　　丙、抗利尿激素
　　 丁、黃體素（助孕素）　戊、生長激素
　　 A. 促進肝糖分解，升高血糖濃度
　　 B. 促進腎小管對水分的再吸收，調節體液恆定
　　 C. 促進性器官的發育及維持第二性徵
　　 D. 夜間的分泌量多，白天則很少，能影響睡眠週期
　　 E. 促進蛋白質的合成，促進組織的修補功能
　　 請用代號寫出下列各腺體或構造所分泌的激素種類及功能。

　　 1. 松果腺　　　　2. 腦垂腺前葉　　　　3. 下視丘
　　 4. 胰島　　　　　5. 卵巢

二、 若有一小段 mRNA 序列為 5′-AUGGCAUACACA-3′，其密碼子
　　 所決定之胺基酸種類依序為甲硫胺酸-丙胺酸-酪胺酸-酥胺酸。
　　 根據上述資料，回答下列問題：

　　 1. 寫出轉錄此段 mRNA 的 DNA 序列（由3′端到5′端）。

　　 2. 寫出丙胺酸的密碼子。

　　 3. 若 DNA 的序列發生點突變，導致此一小段 mRNA 的第四個
　　 　　核苷酸由 G 變為 A。則此突變後的 mRNA 序列所轉譯的胺
　　 　　基酸序列為何？

三、 某研究生將甲、乙兩種花卉植物，種植在成分相同的土壤內，分
　　 成 (A)、(B)、(C) 與 (D) 四組，如圖 7 所示，其中 (B) 與 (C) 組遮
　　 光，降低光照 30%，用以觀察探討生態因子對這兩種花卉的可
　　 能影響。

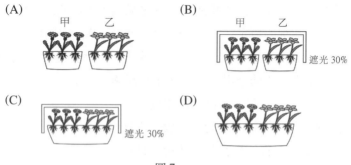

圖 7

1. 若欲比較這兩種花卉植物是否會競爭土壤中的養分，就實驗設計來看，應比較哪些組之間的生長差異？（請列出所有可能的組合）

2. 若以 (A) 為對照組，(C) 為實驗組，則所控制的生態變因為何？

3. 承上題，這樣的實驗設計是否恰當？理由為何？

四、用果汁機將菠菜葉打碎後，用紗布過濾並將濾液倒入離心管，以適當的轉速離心，其離心沈澱物以電子顯微鏡觀察，可見細胞壁的碎片及膜上具小孔的球狀結構 (甲)。此後，分三次逐步提高離心機的轉速，得到的沈澱物再分別用電子顯微鏡觀察。第一次的沈澱物若用肉眼就可觀察到呈綠色 (乙)，第二次的沈澱物呈現雙層膜短棒狀的構造 (丙)，第三次的沈澱物為附在膜上的緻密顆粒 (丁)。請根據上述資料，回答下列問題。

1. 甲、乙兩種沉澱物分別是細胞的何種構造？

2. 丙、丁兩種沉澱物在正常細胞內的功能為何？

3. 在這四種沉澱物中，不含有 DNA 的細胞構造名稱為何？

4. 這四種沉澱物中，哪些是酵母菌有而細菌沒有的構造？

九十六年度指定科目考試生物科試題詳解

第壹部分：選擇題

一、單選題

1. **A**

   【解析】 本題強調「溪流上游」的特色，而上游因流速較快，
   故溶氧量較高，故本題選 (A)，而其餘選項 (B) 溪流上
   游的水質偏鹼性；(C) 溪流上游浮游生物不易固著生長
   ，故生產者少；(D) 溪流上游因生產者少，故光合作用
   也不旺盛。

2. **A**

   【解析】 本題為基本觀念。

3. **B**

   【解析】 異型合子自交 Yy×Yy，則子代表現型黃色佔 3/4、綠
   色佔 1/4，故三粒種子皆為黃色的機率為$(3/4)^3 = 27/64$。

4. **D**

   【解析】 本題重點強調此族群呈現衰退現象，故應為「燈泡型」
   年齡結構，故本題選 (D)。

5. **C**

   【解析】 (甲) 海狗及鯨的游泳肢均為演化自前肢的同源器官。

   　　　 (乙) 貓的爪及攀木蜥蜴的爪均為皮膚的衍生物，屬於
   同源器官。

　　　　(丙) 蜻蜓的翅爲外骨骼的衍生物，食果蝙蝠的飛膜爲
　　　　　　伸展的皮膚，二者胚胎發生來源不同，不屬於同
　　　　　　源器官、屬於同功器官。
　　　　(丁) 蝴蝶的吸蜜口器及蚊子的吸血口器，屬於同源器
　　　　　　官。

6. **C**

　【解析】(甲) 交感神經使瞳孔放大、副交感神經使瞳孔縮小。
　　　　　(丁) 交感神經分泌正腎上腺素使心肌收縮、副交感神
　　　　　　　經分泌乙醯膽鹼使平滑肌收縮。

7. **D**

　【解析】250 個胺基酸由 250 個 mRNA 密組子決定，250 個
　　　　　mRNA 密組子是由 3×250 個核苷酸組成，雙股 DNA
　　　　　則是由 2×(3×250) 個核苷酸組成。

8. **D**

　【解析】(A)(C) (甲) 胰臟異常、胰島素分泌不足，調節血糖濃
　　　　　　　　度的反應較慢，且無法使血糖濃度降回正常範圍
　　　　　　　　、血糖濃度超過 150mg。
　　　　　(B) (乙) 胰臟正常、胰島素分泌正常，調節血糖濃度的
　　　　　　　反應較快、能快速使血糖濃度降回正常範圍，具
　　　　　　　有調節血糖濃度的功能。

9. **B**

　【解析】(B) 維管束的導管細胞爲死細胞，不會進行主動運輸。

10. **D**

　【解析】因此噬菌體的中心爲噬菌體乙的 DNA，故其遺傳性與
　　　　　乙相同。

11. **C**

【解析】眼睛看遠物時，睫狀肌舒張、懸韌帶拉緊，使晶體(乙)呈扁平狀。

12. **A**

【解析】本題重點在於 A＝T、C≡G，故 A＝T 越多，代表氫鍵含量越少，其雙股鍵結越容易破壞形成單股。故本題
(A) 10 個 A＝T
(B) 9 個 A＝T
(C) 5 個 A＝T
(D) 8 個 A＝T
故 (A) 最易打斷。

13. **C**

【解析】(A) 維持體液容積的恆定與腎臟有關、與肺臟無關。
(B) 維持紅血球數量的恆定與腎臟分泌紅血球生成素有關、與肺臟無關。
(D) 調節體內礦物質濃度的恆定與腎臟有關、與肺臟無關。

14. **B**

【解析】鵝頸瓶中的培養液富含有機物，冷卻後的培養液內最先出現異營的微生物，所需養分來自於培養液中的有機物。

15. **A**

【解析】(B)(C) 烏魚和石斑魚均為海生，故對鹽度變化的忍受程度較小。
(D) 高身鯝魚為淡水生、不能生活於海水，對鹽度變化的忍受程度較小。

16. **B**

【解析】 (B) 沙漠的動物排泄固態結晶的尿酸，以減少體液和水分的流失。

17. **C**

【解析】 「白蟻和鞭毛蟲」為互利共生的關係，與 (C) 相同。而 (A) 為掠食、(B) 為寄生、(D) 為片利共生。

18. **B**

【解析】 光反應主要將光能轉換成化學能(ATP、NADPH)，故本題選 (B)。

19. **D**

【解析】 (甲) 雙子葉植物草本莖。

(乙) 雙子葉植物的根。

(丙) 單子葉植物的根。

(丁) 單子葉植物草本莖。

20. **A**

【解析】 當物鏡由低倍鏡改換為高倍鏡時，視野中的細胞變大、目鏡測微器格數不變，但目鏡測微器每一刻度所代表的實際距離變小。

二、多選題

21. **AB**

【解析】 (C) 動脈內不具有瓣膜。

(D) 肺泡不具有平滑肌。

(E) 骨骼內有神經和血管分佈。

22. **DE**

【解析】 (A) 保衛細胞內 K^+ 濃度增加，促使氣孔開放。

(B) 血液中的 H^+ 濃度升高，會降低血液的酸鹼度，但血液中的酸鹼緩衝系統可吸收 H^+ 以避免 pH 下降而維持酸鹼值恆定。

(C) 神經細胞內 Na^+ 濃度增加，促使神經元去極化；神經細胞內的 K^+ 濃度減少，促使神經元再極化和過極化。

23. **ADE**

【解析】 (B) 以閃光中斷黑暗期，可促進長日照植物開花。

(C) 以閃光中斷黑暗期，會使短日照植物不開花。

24. **AB**

【解析】 (C) 靜脈或淋巴管和淋巴結因寄生蟲堆積而阻塞時，會引起水腫。

(D) 胸管與左鎖骨下靜脈相接。

(E) 微淋管的一端閉鎖於組織間隙(末端呈封閉狀盲管)，另一端連接於較大的淋巴管。

25. **DE**

【解析】 (D) 第一子代的鳥喙未必比父母長，因為後代相對於父母的變異是隨機的。

(E) 第一子代的鳥喙未必比父母長，僅一代的時間尚不足以演化出較長的鳥喙。

26. **BE**

【解析】 (A) 減數分裂和有絲分裂均有紡錘體的形成。

(C) 減數分裂和有絲分裂均有同源染色體濃縮變短。

(D) 減數分裂和有絲分裂均有染色體複製形成姊妹染色體（二分體）。

27. **BE**

【解析】 (A)(C) DNA 的五碳糖為去氧核糖，RNA 的五碳糖為核糖。

(D) DNA 和 RNA 均屬於核酸，均是核苷酸的聚合物。

28-29 為題組

28. **BE**

【解析】 圖示為體染色體的顯性遺傳、並非性聯遺傳

(A) 若為隱性遺傳，則 III-3 應為 ●

(C) 若為性聯遺傳，則 III-3 應為 ●

(D) 若為半顯性遺傳，則 II 之 1、2、3、4、5 應有相同的性狀、且不同於 I 之 1、2。

29. **ACD**

【解析】 圖示為體染色體的顯性遺傳。I-1 為 aa，I-2 為 Aa，II-1 為 aa，II-2 為 Aa，II-3 為 aa，II-4 為 Aa，II-5 為 Aa，III-1 為 Aa，III-2 為 Aa，III-3 為 aa，III-4 為 AA 或 Aa，III-5 為 AA 或 Aa，III-6 為 AA 或 Aa。

30. **AC 或 ACD**

　　【解析】 (B) 許旺發現神經軸突上的髓鞘細胞（許旺細胞）。

　　　　　　(E) 摩根（莫甘）經由果蠅遺傳實驗發現基因聯鎖和互換。

31. **ABC**

　　【解析】 (D) 玉米為單子葉植物，種子萌發所需的養分主要來自胚乳。

　　　　　　(E) 花粉管內有二個精核，一個精核與卵結合形成受精卵，受精卵發育為胚(2n)。

32. **DE**

　　【解析】 印痕通常只有鳥類和哺乳類幼體才具有的行為，故本題 (D)(E) 沒有。

33. **BC**

　　【解析】 (A) 固氮作用屬於合成作用，需消耗能量。

　　　　　　(D) 根瘤菌在植物根部促使皮層細胞增生膨大而形成根瘤。

　　　　　　(E) 固氮桿菌和部分藍綠菌（例如念珠藻）亦可進行固氮作用。

34. **CE**

　　【解析】 (A) 人類的吻部較短、猿類的吻部較長。

　　　　　　(B) 人類的眉脊較不突出，猿類的眉脊較突出。

　　　　　　(D) 人類和猿類均具有雙眼立體視覺、眼窩位於頭顱前方。

三、閱讀題

閱讀一

35. **D**

【解析】 喝試劑前，受試者先呼一口氣體封入第一個袋中，當作對照組。喝下試劑後，經過 15-20 分鐘後，受試者再呼一口氣體封入第二個袋中，當作實驗組。

36. **D**

【解析】 人體內組織細胞所產生的 CO_2 主要是藉由血液循環運輸至肺部，故本題選 (D)。

37. **B**

【解析】 尿素呼氣測試法能夠證明胃幽門螺旋桿菌的存在，其原理與尿素酶的關係最為密切，故本題選 (B)。

38. **D**

【解析】 依本文所示，本題選 (D) 為較適合選項。

閱讀二

39. **A**

【解析】 mRNA 將遺傳訊息從細胞核帶到細胞質。

40. **C**

【解析】 RNAi 於細胞質進行作用，使得特定基因無法表現。

41. **B**

　　【解析】 (A) RNAi 使 mRNA 失去作用。

　　　　　　 (C)(D) RNAi 使特定基因無法表現、不能合成蛋白質。

42. **C**

　　【解析】 (A) RNAi 可用於抑制基因表現、而非強化基因表現。

　　　　　　 (B) RNAi 並非引入外來基因、與物種多樣性無關。

　　　　　　 (D) RNAi 用於降低棉花種子中棉子酚的含量，以期未
　　　　　　　　　來能將棉花種子當作食物，但與增加棉花產量無關。

閱讀三

43. **C**

　　【解析】 (A)(B)(D) 精液中精子密度過低、動物雄性的比例過低、
　　　　　　　　　女性乳房發育（第二性徵出現）的年齡過低，均與環境
　　　　　　　　　賀爾蒙有關。

44. **A**

　　【解析】 (A) 加速神經纖維的傳導作用與髓鞘有關，與環境賀爾
　　　　　　　　　蒙無關。

45. **C**

　　【解析】 (A) 環境荷爾蒙為人造的化學物質，與恐龍滅絕無關。

　　　　　　 (B) 許多人造的化學物質為環境荷爾蒙，但並非人造的
　　　　　　　　　化學物質都是環境荷爾蒙。

　　　　　　 (D) 環境賀爾蒙會影響下一代。

第貳部分：非選擇題

一、【解答】　1. 甲、D　　　　2. 戊、E

　　　　　　3. 丙、B　　　　4. 乙、A

　　　　　　5. 丁、C

二、【解答】　1. 3'-TACCGTATGTGT-5'

　　　　　　2. 5'-GCA-3'

　　　　　　3. 甲硫胺酸-酥胺酸-酪胺酸-酥胺酸

三、【解答】　1. (A) 與 (D)；(B) 與 (C)

　　　　　　2. 是否遮光、是否分開種植：

　　　　　　　(A) 無遮光、甲乙分開種植，

　　　　　　　(C) 有遮光、甲乙一起栽種

　　　　　　3. 不適當；(A) 將甲乙分開種植，(C) 將甲乙一起栽

　　　　　　　種，致使 (A) 與 (C) 有二項不同變因：是否遮光、

　　　　　　　是否分開種植。

四、【解答】　1. (甲) 細胞核，(乙) 葉綠體

　　　　　　2. (丙) 行有氧呼吸，以合成 ATP，(丁) 合成蛋白質

　　　　　　3. 核糖體

　　　　　　4. 甲、丙

九十六學年度指定科目考試（生物）
大考中心公佈答案

題號	答案	題號	答案	題號	答案
1	A	21	AB	41	B
2	A	22	DE	42	C
3	B	23	ADE	43	C
4	D	24	AB	44	A
5	C	25	DE	45	C
6	C	26	BE		
7	D	27	BE		
8	D	28	BE		
9	B	29	ACD		
10	D	30	ACD（或 AC）		
11	C	31	ABC		
12	A	32	DE		
13	C	33	BC		
14	B	34	CE		
15	A	35	D		
16	B	36	D		
17	C	37	B		
18	B	38	D		
19	D	39	A		
20	A	40	C		

九十六學年度指定科目考試
各科成績標準一覽表

科　目	頂　標	前　標	均　標	後　標	底　標
國　文	70	64	56	45	36
英　文	60	46	26	13	7
數學甲	62	49	33	20	11
數學乙	72	60	43	27	17
化　學	74	61	41	24	15
物　理	68	51	27	12	5
生　物	84	74	56	40	31
歷　史	75	68	55	40	28
地　理	56	50	40	30	21

※ 以上五項標準均取爲整數（小數只捨不入），且其計算均不含缺考生之成績，
　計算方式如下：

　頂標：成績位於第 88 百分位數之考生成績。
　前標：成績位於第 75 百分位數之考生成績。
　均標：成績位於第 50 百分位數之考生成績。
　後標：成績位於第 25 百分位數之考生成績。
　底標：成績位於第 12 百分位數之考生成績。

例：　某科之到考考生爲 99982 人，則該科五項標準爲

　　頂標：成績由低至高排序，取第 87985 名（99982×88%=87984.16，取整數，
　　　　　小數無條件進位）考生的成績，再取整數（小數只捨不入）。

　　前標：成績由低至高排序，取第 74987 名（99982×75%=74986.5，取整數，
　　　　　小數無條件進位）考生的成績，再取整數（小數只捨不入）。

　　均標：成績由低至高排序，取第 49991 名（99982×50%=49991）考生的成績，
　　　　　再取整數（小數只捨不入）。

　　後標：成績由低至高排序，取第 24996 名（99982×25%=24995.5，取整數，
　　　　　小數無條件進位）考生的成績，再取整數（小數只捨不入）。

　　底標：成績由低至高排序，取第 11998 名（99982×12%=11997.84，取整數，
　　　　　小數無條件進位）考生的成績，再取整數（小數只捨不入）。

九十五年大學入學指定科目考試試題
生物考科

第壹部分：選擇題（佔 76 分）

一、單選題（20％）

說明：第 1 至 20 題，每題選出一個最適當的選項，劃記在答案卡之「選擇題答案區」。每題答對得 1 分，答錯或劃記多於一個選項者倒扣 1/3 分，倒扣至本大題之實得分數為零為止。整題未作答者，不給分亦不扣分。

1. 你正坐在這兒考試，感覺到自己的心跳加快。下列有關此現象的敘述，何者正確？
   (A) 受到體神經系統控制的一種反應
   (B) 副交感神經對考試壓力所產生的反應
   (C) 交感神經對考試壓力所產生的反應
   (D) 在壓力下，節律點維持心跳速率穩定的反應

2. 下列何者最容易進出細胞膜？
   (A) N_2　　　(B) Na^+　　　(C) 核苷酸　　　(D) 蛋白質

3. 胎盤是由母體的子宮內膜和哪一種胚外膜共同組成？
   (A) 卵黃囊　　　(B) 絨毛膜　　　(C) 羊膜　　　(D) 尿囊

4. 人體在正常生理狀況下，體內氧分壓的高低順序何者正確？
   (A) 肺泡＞體動脈＞組織細胞
   (B) 肺泡＞組織細胞＞體動脈
   (C) 體動脈＞肺泡＞組織細胞
   (D) 體動脈＞組織細胞＞肺泡

5. 在綠色植物中，將空氣中的二氧化碳固定於醣分子的過程稱爲什麼？
   (A) 碳循環
   (B) CAM循環
   (C) 克雷柏循環（Krebs cycle）
   (D) 卡爾文循環（Calvin cycle）

6. 動作電位中的去極化現象，主要起因於神經細胞膜上哪一種通道閘門或幫浦的作用？
   (A) 大量的鈉離子通道打開
   (B) 鈉－鉀幫浦的作用增強
   (C) 大量的鉀離子通道打開
   (D) 大量的鈉離子通道和鉀離子通道關閉

7. 下列何者不是風媒花常具有的特徵？
   (A) 花外型小
   (B) 產生大量的花粉
   (C) 花粉粒外壁光滑
   (D) 紅色的花瓣

8. 部分玉米果穗內的種子有提早發芽的現象，其主要成因可能爲何？
   (A) 種子無法合成離素
   (B) 種子無法合成吉貝素
   (C) 種子合成大量乙烯
   (D) 種子合成大量澱粉

9. 某細胞可合成螢光蛋白質，並將其釋放到細胞外。若在螢光顯微鏡下觀察此螢光蛋白質在細胞內移動的情形，則此螢光蛋白質會由內質網直接移往何處？
   (A) 高基氏體
   (B) 溶體
   (C) 微粒體
   (D) 細胞膜

10. 下列有關生物多樣性的敘述，何者正確？
   (A) 外來種的引進，有助於生物多樣性的增加
   (B) 族群愈大的地區，其生物多樣性愈大
   (C) 生物多樣性較大的地區，其遭受病蟲害機會愈大
   (D) 生物多樣性愈高的生態系，其穩定性愈高

11. 下列何者爲大部分植物在體內二氧化碳濃度提高之後的可能反
    應？
    (A) 改利用氧氣進行光合作用
    (B) 保衛細胞失去膨壓，導致氣孔關閉
    (C) 蒸散作用速率提高
    (D) 打開氣孔，排除二氧化碳

12. 人類骨髓中的幹細胞可以分化成各種血球細胞。臨床上利用骨髓
    移植來治療白血病患者，且在移植前會先清除病人原有的幹細
    胞。試問移植後，病人可能會發生下列何種現象？
    (A) 骨髓來自不同血型的贈予者時，移植後病人的血型會改變
    (B) 骨髓來自不同血型的贈予者時，移植後病人的血型不會改變
    (C) 移植後病人新生的血球之基因型與移植前相同
    (D) 移植後病人新生的血球之基因型與移植前不同，且會遺傳給
        下一代

13. 公元 1985 年小蘭在一棵相思樹樹幹離地 1 公尺高處釘了一根鋼
    釘。20 年後她回來檢查鋼釘的位置，已知該樹平均每年長高 30
    公分，則該鋼釘應該在離地多高的位置？
    (A) 7 公尺　　　(B) 6 公尺　　　(C) 1 公尺　　　(D) 30 公分

14. 下列哪一項敘述最可以說明水是植物體合成養分所需的無機物？
    (A) 養分藉由水進入植物體內
    (B) 水的氫原子提供給有機分子的合成
    (C) 植物細胞經滲透作用吸水而延長
    (D) 蒸散作用將水分從根部傳送至葉部

15-16為題組

右譜系圖中，□代表男性，
○代表女性，塗黑者表示個
體具有某遺傳性疾病的病徵
表現，空白者表示正常個體。
試根據此譜系圖，回答15、16題。

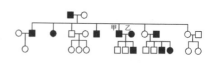

15. 決定此遺傳疾病的等位基因，最有可能的遺傳模式為何？
    (A) 體染色體遺傳，隱性
    (B) 體染色體遺傳，顯性
    (C) 性聯遺傳，隱性
    (D) 性聯遺傳，顯性

16. 若乙再度懷孕時，所懷的胎兒罹患此遺傳疾病的機率為何？
    (A) 0.25 　　　(B) 0.5 　　　(C) 0.75 　　　(D) 1

17. 下列哪一項敘述，最能描述圖一的狀況？
    (A) 族群的成長，因為季節的更替而起伏
    (B) 某生物體早期成長快速，後
        來趨於穩定
    (C) 族群的成長，因環境負荷量
        有限而穩定地波動
    (D) 某生物體的體重因罹病而下
        降，癒後恢復，依此循環

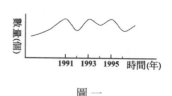

圖一

18. 經調查數個不同海岸的笠螺族群，
    發現其體長分布、族群生物量與族
    群密度的關係如圖二甲、乙所示。
    下列敘述何者正確？
    (A) 族群密度與生物量呈線性關係
    (B) 族群密度愈大，個體的體型愈小
    (C) 個體體型差異，隨著族群的生
    　　物量增加而逐漸變小
    (D) 個體間的競爭，於族群密度低
    　　於每平方公尺 400 隻時最強烈

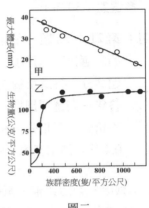

圖二

19. 一質體經某限制酶切割後，其切割位置的核酸序列如下所示：

AATTC ─────── G
　　　G ─────── CTTAA

下列哪一個 DNA 片段可以與此質體進行重組？

(A) TTAAC─────── G
　　　　G ─────── CAATT

(B) AATTC ─────── G
　　　　G ─────── CTTAA

(C) TTAAC─────── G
　　　　G ─────── CTTAA

(D) AATTC ─────── G
　　　　G ─────── CAATT

20. 圖三為某一植物莖部維管束之橫切面，已知甲區有許多中空的死
    細胞。下列敘述何者正確？
    (A) 甲區為較靠近表皮的組織
    (B) 甲區含光合作用產物的主要輸送通道
    (C) 乙區有部分細胞缺乏細胞核
    (D) 乙區只能進行縱向的物質傳導

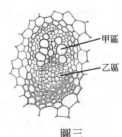

圖三

二、多選題（30％）

說明：第 21 至 35 題，每題各有 5 個選項，其中至少有一個是正確的。選出正確選項，劃記在答案卡之「選擇題答案區」。每題 2 分，各選項獨立計分，每答對一個選項可得 0.4 分，每答錯一個選項倒扣 0.4 分，完全答對得 2 分，整題未作答者，不給分亦不扣分。在備答選項以外之區域劃記，一律倒扣 0.4 分。倒扣至本大題之實得分數為零為止。

21. 下列哪些構造與維持植物細胞形狀有關？
    (A) 液胞　　　　(B) 細胞膜　　　(C) 細胞壁
    (D) 細胞骨架　　(E) 紡錘體

22. 植物體內的水分在運輸時，可以通過下列哪些部位？
    (A) 原生質絲　　(B) 細胞膜　　　(C) 卡氏帶
    (D) 導管　　　　(E) 細胞間隙

23. 已知有一突變的魚類血液內完全沒有血紅素，下列有關此魚的推論，哪些合理？
    (A) 鰓不呈紅色　　　　　　　(B) 活動能力可能較弱
    (C) 血液仍可攜帶少量氧　　　(D) 傷口血液很難凝固
    (E) 較易活在水溫較高的環境

24. 下列有關人體消化與代謝的敘述，哪些正確？
    (A) 膽汁由膽囊合成，不含消化酶
    (B) 胃酸不含消化酶，不能幫助消化
    (C) 醣類、脂質和蛋白質都可被胰液分解
    (D) 肝臟可分泌酵素至小腸內，幫助消化蛋白質
    (E) 肝臟有解除食物內一些毒素的功能

25. 細胞的膜蛋白可參與下列哪些功能？
　　(A) 神經衝動的傳導
　　(B) 接受胰島素的刺激
　　(C) 接受類固醇（固醇類）激素的刺激
　　(D) 抗原的辨識
　　(E) CO_2 通過細胞膜的主要通道

26. 下列有關植物分生組織的敘述，哪些正確？
　　(A) 僅存在於莖頂和根冠　　(B) 可進行細胞分裂
　　(C) 可進行細胞特化　　(D) 細胞內大多充滿液胞
　　(E) 木栓形成層屬於分生組織

27. 下列哪幾項為松樹和土馬騌所共有的特性？
　　(A) 具有維管束　　(B) 具有世代交替
　　(C) 表皮細胞外有角質層
　　(D) 以子葉做為貯存養分的構造
　　(E) 具有光系統 I 和光系統 II 的光合作用系統

28-29為題組

試根據下表所列資料回答 28、29 題，表中為 "－" 者代表該項沒有數據。

	魚類	兩生類	爬蟲類	鳥類	哺乳類
世界種類數	20000	3500	7000	9000	4000
台灣種類數	2000	35	105	500	70
台灣種類數佔世界種類數的比率(%)	10	1	1.5	5.6	1.8
台灣特有種的種類數	－	9	－	15	15
台灣特有種佔該類群的比率(%)	－	26	－	3	21

28. 已知渡海能力的強弱順序為：魚類＞鳥類＞哺乳類≧爬蟲類＞兩生類。下列有關台灣各類群脊椎動物佔世界的比率之推論，哪些合理？
    (A) 與演化的先後順序有關
    (B) 與地理隔離的程度有關
    (C) 與特有種數的比率呈負相關
    (D) 與特有種的種類數呈負相關
    (E) 與生存環境是否為水有關

29. 下列有關台灣特有種的推論，哪些正確？
    (A) 比率：爬蟲類＞鳥類＞魚類
    (B) 種數：爬蟲類＞鳥類＞魚類
    (C) 種數：兩生類＞爬蟲類＞魚類
    (D) 特有種魚類主要生活在海洋環境
    (E) 特有種魚類可能生活在淡水環境

30. 下列哪些免疫因子可參與對抗流感病毒的感染？
    (A) 干擾素　　　　　　(B) 專一性胞殺性 T 細胞
    (C) 自然殺手細胞　　　(D) 專一性輔助性 T 細胞
    (E) 專一性 B 細胞

31. 突變是遺傳變異的主要來源，也是演化的原動力。下列有關突變與遺傳變異的敘述，哪些正確？
    (A) 突變率由天擇的方向所決定
    (B) 大部分的突變不會對外形特徵造成明顯之改變
    (C) 單細胞生物之遺傳變異來源，只靠基因發生突變
    (D) 染色體的自由分配，可以提高遺傳的變異度
    (E) 病毒的演化極快，主要是因為病毒的突變率較一般生物為高

32. 下列有關生態系的描述，哪些正確？
    (A) 海洋生態系中，遠洋區的範圍較沿岸區大，但生物的種數卻較少
    (B) 溪流生態系的主要能量來源為浮游植物的光合作用
    (C) 河口生態系的營養鹽豐富，生產力非常高
    (D) 芒草和箭竹是高山草原生態系的主要植物
    (E) 台灣有許多沙 (砂) 丘，但沒有沙漠生態系

33. 下列關於女性月經週期的敘述，哪些正確？
    (A) 濾泡期時，腦垂腺分泌濾泡刺激素（FSH）和黃體刺激素（LH），後者進而刺激濾泡的成熟
    (B) 排卵前，血中 LH 濃度會達到最高峰，刺激排卵，此時基礎體溫略為上升
    (C) 排卵後，濾泡中黃體素濃度降低，抑制腦垂腺分泌 FSH 和 LH
    (D) 若排卵後未受孕，黃體萎縮，黃體素濃度下降，子宮內膜剝落，造成月經
    (E) 在懷孕期間，黃體持續分泌動情素與黃體素一段時間，以維持子宮內膜的生長與增厚

34. 下列有關葡萄的敘述，哪些正確？
    (A) 以吉貝素處理可以快速催熟葡萄
    (B) 葡萄皮由子房壁發育而來
    (C) 葡萄籽內含雄配子體
    (D) 為染色體雙套的孢子體優勢植物
    (E) 枝條具有導管

35. 下列哪些是發炎和過敏反應所共有的現象？
    (A) 釋放組織胺　　　　　　(B) 抗體參與其中
    (C) 嗜中性白血球增多　　　(D) 出現紅、腫、熱等症狀
    (E) 血管擴張及通透性增加

三、閱讀題（26％）

說明：第 36 至 45 題，選出正確選項，劃記在答案卡之「選擇題答案區」。單選每題各有 4 個選項，答對得 2 分，答錯或劃記多於一個選項者倒扣 2/3 分。多選每題各有 5 個選項，其中至少有一個是正確的，每題 3 分，各選項獨立計分，每答對一個選項，可得 0.6 分，每答錯一個選項，倒扣 0.6 分，完全答對得 3 分，整題未作答者，不給分亦不扣分。在備答選項以外之區域劃記，一律倒扣 0.6 分。倒扣至本大題之實得分數為零為止。

閱讀一

　　全世界有一百萬種以上的動物，除了不到一萬五千種的鳥類和哺乳類是溫血動物外，其他絕大多數都屬於冷血（變溫）動物。從能量利用的角度來看，冷血動物是非常有效的一群，牠們的新陳代謝率低，所以浪費掉的熱能也少。一般溫血動物只能從食物轉換約 2% 的能量成為自己的體質，而冷血動物的轉換率多在 50% 左右。當食物不足時，冷血動物能耐飢餓，在食物來源很不穩定或食物每年只短暫出現一次的環境，仍可以生存。在體型的變化上，冷血動物也幾乎沒有限制，不管是大小還是形狀，牠們都可以充分發揮，充分地利用生態系的不同棲位，豐富了地球的生物多樣性。

　　已知爬行動物約出現在古生代，並在中生代稱霸地球，而哺乳類約出現在中生代，至新生代達到興盛狀態。研究人員在古生代的岩層中發現一些掠食者和被掠食者的骨骼化石，經分別估算其體重後，算出掠食者的總體重和被掠食者的總體重比值為 50：100。另外他們在新生代的岩層內也曾找到許多哺乳類的化石，用同樣的方法，估算出掠食者哺乳類和被掠食者哺乳類的總體重比值為 2：100。試根據本文及相關知識，回答下列問題：

36. 一個池塘生態系的初級、次級和三級消費者分別是浮游動物、甲殼類和魚類，則初級、次級和三級消費者三者之間最接近的總體重比值應為何？（單選）

(A) 1：10：100

(B) 1：50：500

(C) 100：50：25

(D) 100：50：1

37. 假如地球上現生的生態系，消費者能量金字塔的底角為 60°，則地球在古生代的生態系中，消費者能量金字塔的底角應如何？（單選）

(A) 等於 60°

(B) 大於 60°

(C) 小於 60°

(D) 大於 10° 但小於 60°

38. 下列各組動物的能量轉換效率之比較，哪幾項正確？（多選）

(A) 青蛙＞兔子

(B) 兔子＞蛇類

(C) 蛇類＞鳥類

(D) 鳥類＞螳螂

(E) 螳螂＞兔子

39. 下列哪些是冷血動物的優點？（多選）

(A) 活動能力較強

(B) 活動時間較不受限制

(C) 耐飢餓的能力較強

(D) 分布範圍和活動時段受緯度影響較小

(E) 體型可較小、較扁或較長

閱讀二

　　阿茲海默氏症（Alzheimer's disease）又稱老年癡呆症，是一種由於蛋白質在大腦皮質沈積而造成腦細胞死亡的神經退化性疾病。患者多為 65 歲以上老人，會漸漸喪失記憶，並且出現語言和情緒障礙的症狀。

　　19世紀早期，科學家已經知道人類的大腦皮質有時會出現圓形的斑塊，並觀察出它是由神經纖維所組成。1853 年，德國病理學家菲爾克（Virchow）稱這些腦部沈積物為類澱粉沈積。1984 年，格林納（Glenner）和翁（Wong）首先由阿茲海默氏症患者的腦膜血管中分離出類澱粉沈積。不久，馬士德（Masters）和貝倫索（Beyrenther）等人也由老化斑塊核心中分離出類澱粉沈積，兩者的分子量及胺基酸組成相同。但亞伯拉罕（Abraham）和塞克（Selkoe）等人發現，僅成熟老化斑塊中的類澱粉沈積有經過化學修飾。1987 年初，合成這種蛋白質的互補 DNA（complementary DNA，簡稱cDNA）被分離出來，顯示含有 42 個胺基酸的 β 型類澱粉沈積蛋白只是完整前驅蛋白（含 695 個胺基酸）的一小段。當前驅蛋白在特定位置被蛋白酶切割後，會產生介於 39～43 個胺基酸的胜肽片段，長度愈長的，愈容易產生堆積。此 β 型類澱粉沈積，在老年癡呆症發展過程中扮演著關鍵性的角色。根據上文，回答下列問題：

40. 阿茲海默氏症的發生是因為中樞神經的哪一部位受損？（單選）
　　(A) 大腦　　　(B) 小腦　　　(C) 延腦　　　(D) 中腦

41. 阿茲海默氏症的症狀發展過程可能與下列哪些因素有關？（多選）
　　(A) 大腦皮質的神經細胞受損
　　(B) 心血管中類澱粉的沈積
　　(C) 腦部 β 型類澱粉的蛋白質沈積
　　(D) 大腦皮質圓形的老化斑塊之形成
　　(E) 合成類澱粉蛋白質的互補 DNA 於大腦中的累積

42. 關於腦部老化斑塊之 β 型類澱粉沈積的敘述，下列哪幾項正確？（多選）
　　(A) 最早由病理學家菲爾克自患者的腦膜血管中分離出來
　　(B) 為一種經過化學修飾的蛋白質

(C) 全長有 695 個胺基酸

(D) 被蛋白酶切割造成腦細胞受損

(E) 與阿茲海默氏症的病程有關

閱讀三

　　瘧原蟲和弓漿蟲是屬於同一類原生動物的人類寄生蟲，感染導致瘧疾和弓漿蟲病，兩者都有一種特殊的胞器，稱為端複胞器（apicoplast）。端複胞器是兩次特殊的內共生（endosymbiosis）事件所遺留下來的痕跡。在真核生物的演化史中，以內共生方式將原核生物轉變成細胞內胞器的，除了粒線體外，還有被認為是源自藍綠細菌的葉綠體。據真核生物起源假說的推測，細胞的粒線體和高等植物的葉綠體等，都是一次內共生所產生的胞器，皆具有兩層膜，即一個遠古真核生物吞噬了細菌或藍綠細菌的祖先，被吞噬的細菌或藍綠細菌與之共生後，分別演變成為粒線體及葉綠體，此過程稱為一次內共生。瘧原蟲和弓漿蟲端複胞器基因的比較研究，顯示它和紅藻葉綠體基因有相當大的相似度，因此端複胞器被認為是遠古二次內共生事件的結果，即一個紅藻又再度被另一個真核生物所吞噬，並形成其內共生的胞器，故二次內共生的胞器多具有四層膜。目前已知具有二次內共生胞器的生物尚包括了眼蟲（裸藻）、褐藻等，雖然它們的起源並不相同，但是它們的胞器也都具有環形的 DNA，與原核生物相似。

　　雖然源自紅藻，但瘧原蟲和弓漿蟲的端複胞器並沒有進行光合作用的能力，它主要的功用與脂肪酸的合成有關。目前在端複胞器基因體中，已經發現了一些脂肪酸合成途徑的酵素基因如 acetyl-carboxylase（ACC 基因），與已知的細菌和植物基因相當類似，但在動物中類似基因只發現在粒線體中，與粒線體的脂肪酸合成有關。由於具有動物宿主所沒有的基因，由端複胞器所編碼轉譯的蛋白質，與人體內的蛋白質完全不同。若某特定的藥物能辨識此端複胞器中，如

上述的 ACC，並進行破壞，那麼這個藥物對人體應不會產生副作用。目前科學家也已證實有一些 ACC 抑制劑在特定濃度下可以抑制弓漿蟲的生長，而不會影響人類細胞。因此不久的將來，也可能找到一種具有特定目標又有效且無副作用的藥劑來治療瘧疾了。

根據本文，試回答下列問題：

43. 瘧原蟲端複胞器的起源為何？（單選）
    (A) 紅藻細胞　　　　　(B) 阿拉伯芥
    (C) 嗜熱細菌　　　　　(D) 人類基因

44. 下列哪幾項<u>不能</u>作為端複胞器為二次內共生的證據？（多選）
    (A) 它具有四層膜
    (B) 它具有環形的 DNA
    (C) 它含有和藻類相似的基因
    (D) 它僅在原生動物中發現
    (E) ACC 抑制劑可抑制弓漿蟲的生長

45. 下列哪些作法對於瘧疾的預防或治療有幫助？（多選）
    (A) 尋找廣效性的 ACC 抑制劑
    (B) 鑑定端複胞器的專一基因
    (C) 研究端複胞器蛋白質的活性位置
    (D) 利用基因重組技術增進人類脂肪酸代謝速率
    (E) 降低蚊蟲在人類活動空間的出現頻率

第貳部分：非選擇題（佔 24 分）

說明：本大題共有五題，答案務必寫在答案卷上，並於題號欄標明題號（一、二、三、四、五）與子題號（1、2、3）。作答時不必抄題。每小題 2 分。

一、 已知雄性蝗蟲的體細胞有 23 條染色體，雌性則有 24 條染色體，
　　 試回答下列問題：

　　 1. 寫出蝗蟲精子染色體的數目或型式。

二、 某班學生做完水蚤的心搏實驗後各組的數據如右表，老師認爲
　　 有些數據明顯有問題，詢問後發現這些有問題的數據都是因爲
　　 實驗操作時間太長而造成。試回答下列問題：

水溫狀況 組別	平均心搏（次／分）		
	低溫（ 10 ℃ ）	室溫（ 20 ℃ ）	高溫（ 30 ℃ ）
甲	283	285	402
乙	190	286	408
丙	193	288	397
丁	188	290	297

　　 1. 試找出明顯有問題的組別。

　　 2. 計數水蚤心搏操作的時間太長爲什麼會影響實驗數據？

三、 已知病毒的大小範圍是 20～400 nm，且病毒都無法在細胞外生
　　 長與繁殖。而大多數的細菌直徑雖約 0.2～2.0 μm，但黴漿菌
　　 （0.1～0.25 μm）和立克次體（0.3～0.5 μm）比一般細菌小許
　　 多。小明有意求證某種植物發生病害是否由病毒引起，乃將患
　　 病植物的組織攪碎並離心，將上清液以 0.45 μm 孔徑的濾膜過
　　 濾後，取得可能含有病毒的樣本。實驗至此，小明將面對幾個
　　 問題待釐清，試回答下列問題：

　　 1. 過濾後，可能含有病毒的樣本是在濾膜上，還是濾液中？爲
　　 　 什麼？

　　 2. 取得的樣本中是否可能還有細菌存在？爲什麼？

　　 3. 小明要如何處理才能在殺死細菌的同時，又能保持病毒的活
　　 　 性？

四、　一個符合哈溫定律的理想族群中，某個基因座上有三種等位基因分別爲 Z_1、Z_2、Z_3，此三種等位基因於族群中出現的頻率分別是 0.3、0.5、0.2。試回答下列問題：

1. 試問此基因座在這個族群中，異型合子所佔的比率爲何？

2. 試問經過 5 個世代之後，此一理想族群中等位基因 Z_1 的頻率爲何？

3. 經過了 10 個世代，發生一次大災變，災變後族群中僅剩下 5 隻個體，其基因型爲 Z_1Z_3，試問此刻族群中等位基因 Z_1 的頻率爲何？

五、　小華的朋友給了他一盆不知名的植物，他在分株之後，有意探討光週期對這種植物開花的影響，於是他嘗試在溫室中給它們照射不同單一波長的光進行處理，結果如下表所示，試回答下列問題：

	甲組	乙組	丙組	丁組
光週期	照 A 光14 小時 黑暗 10 小時	照 B 光14 小時 黑暗 10 小時	照 A 光10 小時 黑暗 14 小時	照 B 光10 小時 黑暗 14 小時
結　果	開花	不開花	不開花	不開花

1. 依此植物的開花受光週期的影響情形，可稱爲何類植物？

2. 小華所在的地方白天只有 8 小時，如果要讓此植物在溫室外也能開花，可以另外在晚上照射短暫的 A 光還是 B 光？它是哪一種色光？

3. 照該光之後的光敏素會轉變爲何種型式？

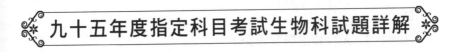

九十五年度指定科目考試生物科試題詳解

第壹部分：選擇題

一、單選題

1. **C**

   【解析】 (甲) 本題易於誤導學生 "感覺到" 三字，則可能選(A)
   （因體神經無感覺神經元）。

   (乙) 但本題出題者解題的 KEY，為心跳加快是交感神
   經所控制。

2. **A**

   【解析】 考本題時學生應思考到物質進出細胞膜的方式有

   (甲) 主動運輸（主動運輸載體蛋白）。

   (乙) 被動運輸 (i) 簡易擴散 (ii) 通道蛋白促進性擴散
   (iii) 被動運輸載體蛋白促進性擴散

   但以上四種方式，僅簡易擴散無需任何蛋白質（膜蛋
   白）的幫助，而 N_2 為氣體，進出細胞膜即利用簡易
   擴散，故最容易。

3. **B**

   【解析】 同學應習四種胚外膜之位置及功能（課本敘述之記憶性
   資料），其中 絨毛膜 位於最外層，且凸出絨毛與子宮內
   膜共同形成胎盤。

4. **A**

   【解析】 氧氣由肺泡經體動脈送至組織細胞。

5. **D**

【解析】 光合作用學習重點：

(甲) 光反應：將日光能轉換成 ATP 及 NADPH 等化學能

(乙) 暗反應：利用光反應之化學能將 CO_2 固定形成醣分子稱之卡爾文循環。

6. **A**

【解析】 在靜止膜電位（極化現象）時，電壓敏感 Na^+ 通道與電壓敏感 K^+ 通道皆關閉，此時的平衡現象是細胞外側相對正電性較高，但產生動作電位時，是電壓敏感 Na^+ 通道打開，大量 Na^+ 進入細胞內，造成電位改變，其學習方法為

(甲)

⟹ 靜止膜電位

(乙) 當 Na^+ 通道打開，K^+ 通道關閉

(丙)

(丁) 電位改變

⟹ 動作電位

7. **D**

【解析】 本題屬推理記憶題，若蟲媒花要吸引蟲則

(A) 花要大。

(B) 蟲子攜帶，專蟲送達不需太多花粉。

(C) 花粉帶鉤可鉤住蟲子的體毛。

(D) 花要鮮艷才可吸引蟲，故風媒花可不要紅色的花瓣。

8. **A**

【解析】　與種子萌芽有關的激素

(甲) 離素－抑萌芽。

(乙) 吉貝素－促萌芽。

(丙) 乙烯－與萌芽無關。

(丁) 萌芽時應水解澱粉。

9. **A**

【解析】　本題是考課本的一個觀念，細胞分泌蛋白質時由粗糙內質網合成蛋白質→送至高基氏體作修飾作用→送至細胞膜以外作用分泌。

10. **D**

【解析】　(A) 外來種會引起本地原有種的滅絕而造成多樣性減少。

(B) 一個生態系能容納的生物數有限，故當生物族群（指同種生物）數量愈大則生物種類（多樣性）必愈小。

(C)(D) 多樣性大的生態系對環境的變動適應力強，穩定性愈大。

11. **B**

【解析】　(A) 光合作用是利用 $6CO_2 + 12H_2O \rightarrow C_6H_{12}O_6 + 6O_2 + 6H_2O$ 地球上無任何生物可利用日光能將 $\boxed{O_2 \rightarrow C_6H_{12}O_6}$

(B) $[CO_2]\uparrow$保衛細胞之 pH 值$\downarrow$→K^+ pump 停止作用→保衛細胞內之$[K^+]\downarrow$→水分離開保衛細胞→T.P.$\downarrow$→氣孔關閉。

(C) 根據 (B) 氣孔關閉則蒸散速率降低。

(D) 根據 (B) $[CO2]\uparrow$→氣孔關閉。

12. **A**

【解析】 (A)(B)(C) 當移植前已把病人的骨髓幹細胞破壞，故病人
利用新移植的骨髓幹細胞分生<u>新的基因型</u>，<u>新的血型</u>
的血球細胞。

(D) 但此人的生殖細胞基因型仍未改變，故下一代仍具
有<u>原有基因型</u>，<u>原有血型</u>。

13. **C**

【解析】 在樹木能釘鋼釘處必爲已成熟的永久組織，已<u>不會分
生長高</u>。植物的長高永遠是<u>生長點分裂</u>，<u>延長部伸長</u>，
是在植物最尖端的部分而非釘入鋼釘的成熟部部分。

14. **B**

【解析】 光合作用的元素轉移方式

$$6CO_2 + 12H_2O \xrightarrow[\text{葉綠體}]{\text{日光}} C_6H_{12}O_6 + 6H_2O + 6O_2$$

故植物體合成 $C_6H_{12}O_6$ 的氫元素是得自 H_2O 的氫原子。

<u>15-16 爲題組</u>

15. **B**

【解析】 (甲) "口訣一" 二純隱性個體<u>不可能生出</u>顯性個體之
子代。

(乙) 故由　甲　乙　可知甲，乙皆爲異基因型之顯性
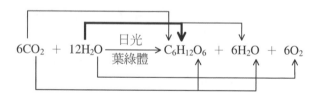

個體 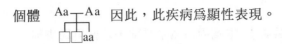 因此，此疾病為顯性表現。

(丙) 由 (乙) 可知，若為性聯遺傳則甲，乙之子代皆有疾病。

16. **C**

【解析】 甲－Aa，乙－Aa，二者子代為 AA 及 Aa 之機率為 3/4。

17. **C**

【解析】 (甲) 本圖形橫軸為<u>以年為單位</u>，若改為一年內<u>以月為單位</u>，則可看出季節的變化，故 (A) 不正確。

(乙) 本圖為<u>穩定波動曲線圖</u>，故 (B) 不符合。

(丙) 本圖為族群數之改變，而非體重之改變，故 (D) 不正確。

18. **B**

【解析】 (A) 由圖可知為<u>族群密度</u>與<u>最大體長</u>呈線性關係。

(B) 由圖可知。

(C) 體型的差異應是隨族群密度的增加而逐漸變小。

(D) 個體間的競爭，應在族群密度高於 400 隻/m^2 時強烈。

19. **B**

【解析】 限制酶所切割部位應遵下列二法則：(甲) 左右鹽基配對 (乙) 二股鹽基配對。

故： AATT —— 　—— AATT
　　　 ↕ 　　， 　　 ↕
　　 —— TTAA 　　 TTAA ——

20. **C**

【解析】　本圖甲區為木質部，乙區為韌皮部

(A) 木質部應靠莖內側。

(B) 木質部運送水及鹽類。

(D) 乙區有側篩孔橫向運輸。

二、多選題

21. **ACD**

【解析】　(A) 液胞在植物細胞脫水時可釋出水維持形狀。

(C) 細胞壁在植物細胞吸水過多時，限制細胞吸水以維持形狀。

(D) 細胞骨架位於細胞膜下方，以維持細胞膜之形狀而不易發生質離現象。

22. **ABDE**

【解析】　在根部吸收水分時

(甲) 共質體運輸－可經原生質絲。

(乙) 質體外運輸－可經細胞間隙。

(丙) 由質體外進入共質體運輸－經細胞膜。

由根部經莖送至葉

(丁) 經由導管縱向運輸。

23. **ABC**

【解析】　(A) 無血紅素故組織不顯現紅色。

(B) 無血紅素，氧氣運輸較差，代謝弱，故活動力較弱。

(C) 少量氧可溶於水運輸。

(D) 血液凝固與血小板，Ca^{++} 等凝血因子有關，與血紅素無關。

(E) 水溫高，溶氧少，不易活，故需血紅素。

24. **CE**

【解析】 (A)(D) 膽汁由肝臟合成，儲存膽囊。

(B) 胃酸僅 HCl，無酵素，但能活化胃液的酵素，以助消化。

(C) 胰液可分解

醣類－胰澱粉酶；脂肪－胰脂肪酶；蛋白質－胰蛋白酶；核酸－胰核酸酶。

(E) 肝臟有解毒，分解酒精，合成尿素…等多項功能，請記憶。

25. **ABD**

【解析】 (A) 神經衝動的傳導受膜上通道蛋白，受體蛋白，酵素蛋白等影響。

(B) 胰島素為肽鏈成分（非脂溶性），故受到膜上的受體蛋白的接納，再影響生理作用。

(C) 類固醇為脂溶性成分直接進入細胞內（通過磷脂）不被膜上受器接受。

(D) 在膜上的醣蛋白可作為辨識蛋白（但主要的辨識功能，應該是醣蛋白上的寡醣）。

(E) CO_2 直接過磷脂，不經膜蛋白

26. **BE**

【解析】 甲：使植物增高的分生組織

莖頂，根尖之生長點

乙：使植物增粗的分生組織

裸子植物及雙子葉植物之維管束形成層

丙：保護木本莖之分生組織

　　木本莖表皮下方之木栓形成層

丁：分生組織之特性

(1) 核之比例大　　(2) 原生質較濃厚

(3) 液泡較小較多　(4) 形狀正方形

(5) 不斷分裂，增生新細胞，但尚未分化

> PS：生長點細胞－未分化
>
> 　　延長部細胞－開始分化
>
> 　　成熟部細胞－已分化完全

27. **BCE**

【解析】 要學本題要先了解五界分類：

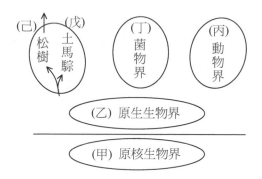

(A) 具維管束者爲 "己"

(B) 具世代交替者爲部分 "乙" 和全部 "戊" "己"

(C) 表皮細胞具角質層爲 "戊" "己"

(D) 以子葉貯存養分爲雙子葉植物屬 "己"

(E) 具光系統 I 與 II 行光合作用爲 "戊" "己"

28-29 為題組

28. **BC**

【解析】 第 28、29 題組為統計數據分析題

(甲) 以 28 題題目已給渡海能力強弱順序，但與演化之

順序（魚類→兩生類→爬蟲類 $\Big\langle$ 鳥類　哺乳類) 無關。

(乙) 題目的渡海代表物種受海洋隔離。

(丙) 渡海能力愈弱，產生特有種的比率可能性愈大，故呈負成長。

(丁) 特有種的數量，是與原有種的數量大小有關。

(戊) 非水生的生物（如鳥類）也可以渡海。

29. **AE 或 ABE**

【解析】 (A) 以 28 題的觀念，台灣特有種比率多少與渡海能力呈負相關，故渡海能力是魚類＞鳥類＞爬蟲題，特有種比率是爬蟲類＞鳥類＞魚類。

(B) 特有種比率與渡海能力呈負相關，故 (A) 正確，與種數無關，故 (B) 錯誤，但以此三生物在台灣種的數量必須依台灣的生物在世界比例計算，則 (B) 為正確。

(C) (B) 若正確則 (C) 錯誤。

(D)(E) 在海洋中渡海能力強則不易形成特有種，故特有種必多生存在淡水中。

30. **ABCDE**

【解析】 (A) 干擾素可破壞病毒。

(B) 專一性胞殺性 T 細胞可破壞被感染的細胞，讓巨噬細胞吞食。

(C) 自然殺手細胞可造成胞殺 T 細胞相似的狀況。

(D) 專一性輔助 T 細胞可與病毒的碎片作用，以產生細胞激素，催化胞殺 T 細胞。

(E) 專一性 B 細胞亦可與病毒的碎片作用，並利用表面抗體與碎片結合產生細胞激素並產生抗體免疫。

31. **BDE**

【解析】 (A) 突變率是自然的，非環境決定的。

(B) 大多的突變是隱性的，不表現於外表。

(C) 單細胞生物亦大多具有性生殖，可造成遺傳再組合，故並非只靠基因突變造成變異。

(D) 染色體在第一次減數分裂中期發生獨立分離自由組合，亦可造成遺傳再組合，增加遺傳變異。

(E) 病毒的基因極為簡單，核心為單純核酸，受蛋白質保護不嚴密，故容易造成突變。

32. **ACDE**

【解析】 (A)遠洋區的硝酸鹽等養分少，故生產者種類少，消費者種類亦少。

(B) 溪流生態系，水流動快速，故浮游生物不易生存。

(C)(D)(E) 為記憶性問題。

33. **BDE**

【解析】 (A) 若以龍騰、南一版本敘述，FSH 造成濾泡早期發育，濾泡的晚期發育受 FSH、LH 共同作用，並成熟排卵，故本題 LH "進而" 刺激濾泡成熟。

(B) 排卵前 LH 濃度達最高，刺激排卵（但在排卵前基礎體溫略降，排卵後才快速上升）。

(C) 排卵後濾泡已破裂，不存在。

(D) 若未懷孕血液中高濃度黃體激素迴饋下視丘，腦下腺使 LH 減少，此時黃體萎縮，黃體素減少，子宮內膜剝落。

(E) 在懷孕前三個月，胚胎的絨毛性腺激素可具 LH 功能，繼續維持黃體，並分泌黃體激素維持子宮內膜。

34. **BDE**

【解析】(A) 吉貝素可使葡萄粒變大，並減少蟲害（無法催熟葡萄）。

(B) 子房→果實，胚珠→種子。

(C) 種子內含胚胎（幼孢子體）。

(D) 葡萄為開花植物（雙子葉），在其生活史（世代交替）中孢子體佔優勢。

(E) 開花植物具導管。

35. **ADE**

【解析】(A) 二者皆釋出組織胺。

(B) 發炎為非專一性防禦與抗體無關。

(C) 二者皆與吞噬作用無關，故與嗜中性白血球之多少無關。

(D) 二者皆有舒緩肽的作用，促使紅、腫、熱…。

(E) 同 (D) 為舒緩肽的作用。

三、閱讀題

閱讀一

36. **C**

【解析】見第十三行，用同樣的方法，估算出掠食者哺乳類和被掠食者哺乳類的總體重比值為 2：100。

37. **B**

　　【解析】　見十三到十五行。

38. **ACE**

　　【解析】　全世界有一百萬種以上的動物，除了不到一萬五千種
　　　　　　　的鳥類和哺乳類是溫血動物外，其他絕大多數都屬於冷
　　　　　　　血（變溫）動物。從能量利用的角度來看，冷血動物是
　　　　　　　非常有效的一群，牠們的新陳代謝率低，所以浪費掉的
　　　　　　　熱能也少。一般溫血動物只能從食物轉換約 2% 的能量
　　　　　　　成為自己的體質，而冷血動物的轉換率多在 50% 左右。

39. **CE**

　　【解析】　冷血動物是非常有效的一群，牠們的新陳代謝率低，所
　　　　　　　以浪費掉的熱能也少。一般溫血動物只能從食物轉換約
　　　　　　　2% 的能量成為自己的體質，而冷血動物的轉換率多在
　　　　　　　50% 左右。當食物不足時，冷血動物能耐飢餓，在食物
　　　　　　　來源很不穩定或食物每年只短暫出現一次的環境，仍可
　　　　　　　以生存。在體型的變化上，冷血動物也幾乎沒有限制。

閱讀二

40. **A**

　　【解析】　阿茲海默氏症（Alzheimer's disease）又稱老年癡呆症，
　　　　　　　是一種由於蛋白質在大腦皮質沈積而造成腦細胞死亡的
　　　　　　　神經退化性疾病。

41. **ACD**

　　【解析】　請參照原文之第二段全部。

42. **BE**

【解析】 1984 年，格林納（Glenner）和翁（Wong）首先由阿茲海默氏症患者的腦膜血管中分離出類澱粉沈積。亞伯拉罕（Abraham）和塞克（Selkoe）等人發現，僅成熟老化斑塊中的類澱粉沈積有經過化學修飾。1987 年初，合成這種蛋白質的互補 DNA（complementary DNA，簡稱 cDNA）被分離出來，顯示含有 42 個胺基酸的 β 型類澱粉沈積蛋白只是完整前驅蛋白（含 695 個胺基酸）的一小段。當前驅蛋白在特定位置被蛋白酶切割後，會產生介於 39～43 個胺基酸的胜肽片段，長度愈長的，愈容易產生堆積。此 β 型類澱粉沈積，在老年癡呆症發展過程中扮演著關鍵性的角色。

閱讀三

43. **A**

【解析】 瘧原蟲和弓漿蟲端複胞器基因的比較研究，顯示它和紅藻葉綠體基因有相當大的相似度。

44. **BDE**

【解析】 目前已知具有二次內共生胞器的生物尚包括了眼蟲（裸藻）、褐藻等，雖然它們的起源並不相同，但是它們的胞器也都具有環形的 DNA，與原核生物相似。目前在端複胞器基因體中，已經發現了一些脂肪酸合成途徑的酵素基因如 acetyl-carboxylase（ACC 基因），與已知的細菌和植物基因相當類似，但在動物中類似基因只發現在粒線體中，與粒線體的脂肪酸合成有關。

45. **BCE**

【解析】　目前在端複胞器基因體中，已經發現了一些脂肪酸合
成途徑的酵素基因如 acetyl-carboxylase（ACC 基因），
與已知的細菌和植物基因相當類似，但在動物中類似
基因只發現在粒線體中，與粒線體的脂肪酸合成有關。
由於具有動物宿主所沒有的基因，由端複胞器所編碼
轉譯的蛋白質，與人體內的蛋白質完全不同。若某特
定的藥物能辨識此端腹胞器中，如上述的 ACC，並進
行破壞，那麼這個藥物對人體應不會產生副作用。

第貳部分：非選擇題

一、【解析】　X 型（12 條染色體）O 型（11 條染色體）

二、【解析】　1. 甲丁
　　　　　　　2. 因為操作時間過長會使樣本回室溫

三、【解析】　1. 濾液；因為病毒的大小會小於 0.45mm
　　　　　　　2. 可能；因為立克次體也可通過濾膜
　　　　　　　3. 在培養基中添加抗生素

四、【解析】　1. 0.62
　　　　　　　2. 0.3
　　　　　　　3. 0.5

五、【解析】　1. 長日照植物
　　　　　　　2. A 光；紅光
　　　　　　　3. P_{fr}

九十五學年度指定科目考試（生物）

大考中心公佈答案

題號	答案	題號	答案	題號	答案
1	C	21	ACD	41	ACD
2	A	22	ABDE	42	BE
3	B	23	ABC	43	A
4	A	24	CE	44	BDE
5	D	25	ABD	45	BCE
6	A	26	BE		
7	D	27	BCE		
8	A	28	BC		
9	A	29	AE 或 ABE		
10	D	30	ABCDE		
11	B	31	BDE		
12	A	32	ACDE		
13	C	33	BDE		
14	B	34	BDE		
15	B	35	ADE		
16	C	36	C		
17	C	37	B		
18	B	38	ACE		
19	B	39	CE		
20	C	40	A		

九十五學年度指定科目考試
各科成績標準一覽表

科　目	頂　標	前　標	均　標	後　標	底　標
國　文	67	61	52	43	35
英　文	67	51	28	13	7
數學甲	62	50	35	20	12
數學乙	88	78	56	32	19
化　學	71	59	41	25	16
物　理	54	39	22	12	6
生　物	71	60	44	30	22
歷　史	56	49	40	29	20
地　理	60	52	40	29	20

※ 以上五項標準係依各該科全體到考考生成績計算，且均取整數（小數只捨不入），各標準計算方式如下：

　頂標：成績位於第 88 百分位數之考生成績。

　前標：成績位於第 75 百分位數之考生成績。

　均標：成績位於第 50 百分位數之考生成績。

　後標：成績位於第 25 百分位數之考生成績。

　底標：成績位於第 12 百分位數之考生成績。

九十四年大學入學指定科目考試試題
生物考科

壹、單選題（20%）

說明：第 1 至 20 題，每題選出一個最適當的選項，劃記在答案卡之
　　　「選擇題答案區」。每題答對得 1 分，答錯倒扣 1/3 分，倒扣
　　　到本大題之實得分數為零為止。整題未作答者，不給分亦不
　　　扣分。

1. 下列何種胞器與細胞內物質的分解、更新有關？
　　(A) 溶體　　　　(B) 粒線體　　　　(C) 內質網　　　　(D) 高基氏體

2. 人類 MN 血型是由二個等位基因（對偶基因）M、N 所控制。若
　　夫妻的 MN 及 ABO 血型的基因型皆為 MN $I^A I^B$，則後代中出現
　　MN $I^A I^B$ 型的機率為何？
　　(A) 1/2　　　　(B) 1/4　　　　(C) 1/8　　　　(D) 1/16

3. 下列何者是腎臟再吸收鈉離子最大量的管段？
　　(A) 近曲小管　　　　　　　　(B) 亨氏環管（亨耳氏套）
　　(C) 遠曲小管　　　　　　　　(D) 集尿管（集合管）

4. 愛滋病(後天免疫缺乏症候群)是感染何種病原體所造成的疾病？
　　(A) 真菌　　　　(B) 細菌　　　　(C) 病毒　　　　(D) 原生動物

5. UAUCUAUCUAUCUAUCUAUCUAUC 為一人工合成的 mRNA，
　　試問利用此分子在試管中轉譯出的產物，最多可能由多少種胺基
　　酸組成？
　　(A) 1種　　　　(B) 2種　　　　(C) 3種　　　　(D) 4種

6. 若有一外來種生物在一新棲地成功立足並建立族群，則下列何者最可能是此外來種入侵初期的個體數與時間的關係圖？

(A) 　(B) 　(C) 　(D)

7. 下列何種物質控制肺炎雙球菌莢膜的生成？
   (A) 傳訊 RNA（mRNA）
   (B) 轉送 RNA（tRNA）
   (C) 核糖核酸
   (D) 去氧核糖核酸

8. 細菌在 N^{15} 的培養基中繁殖很多代後，轉移至 N^{14} 的培養基中培養，經過二次分裂後，DNA 兩股仍為 N^{15} 的後代百分比為何？
   (A) 0%
   (B) 25%
   (C) 50%
   (D) 75%

9. 行為學家發現有一種蟑螂的生物鐘是以 25 小時為一週期，這種蟑螂利用黎明天色由暗變亮作為週期歸零的機制，以維持其晝伏夜出的習性。如果將這種蟑螂在某天的黎明時分開始關入暗室（暗室內有蟑螂看不到的紅光以供觀察其行為），則幾日後蟑螂的作息將會晝夜顛倒？
   (A) 1 日
   (B) 6 日
   (C) 12 日
   (D) 24 日

10. 圖一為玉米種子的構造示意圖，試問圖中的哪一部位為「子葉」或稱「子葉盤」？
    (A) 甲
    (B) 乙
    (C) 丙
    (D) 丁

圖一

11. 某人對「X 植物」進行甲、乙二種不同的光照週期處理如圖二
（白色：光照；黑色：黑暗；數字：小時數），結果只有甲處理的
植株開花。根據此結果，推測下列哪項敘述正確？

(A) 以短暫黑暗期中斷甲處理的光照
期，則「X 植物」不開花

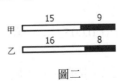

圖二

(B) 將黑暗時數增至 12 小時，則
「X 植物」不開花

(C) 以短暫光照中斷甲處理的黑暗期，則「X 植物」開花

(D) 以紅光或遠紅光短暫中斷甲處理的黑暗期，則兩者對「X 植
物」開花與否的影響正好相反

12. 圖三是生物量與不同生態系之關係圖，下列何者是依甲、乙、丙、
丁順序所排出之生態系名稱？

(A) 熱帶雨林、溫帶草原、溫帶森林、
凍原（寒原）

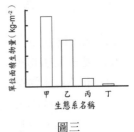

圖三

(B) 熱帶雨林、溫帶森林、溫帶草原、
凍原（寒原）

(C) 凍原（寒原）、溫帶草原、溫帶森
林、熱帶雨林

(D) 凍原（寒原）、溫帶森林、溫帶草原、熱帶雨林

13-14 為題組

生物學研究者進行生態及演化研究時，常需了解標的物種的族群
數量，而標識再捕法是經常被利用來估算族群數量的方法，該法
可以簡示如下：

$N = M \times R / R_m$　　N：族群數量

M：初捕獲並作記號之個體數

R：再捕獲之個體數

R_m：再捕獲個體中有記號之個體數

13. 某種蘭嶼特產蛾類一生只交配一次，一隻雌蛾平均產卵 400 粒。經調查發現該種蛾於 2005 年的第一世代及第二世代族群數量均為 10000 隻，則第一世代每一對成蟲所產子代的平均存活率應為多少？

    (A) 0.005　　　(B) 0.05　　　(C) 0.1　　　(D) 1

14. 上題中第一世代族群數量是利用標識再捕法測得。已知調查者取樣 50 隻蛾，其中只有一隻蛾有記號，則最初有多少蛾被標記？

    (A) 50 隻　　　(B) 100 隻　　　(C) 200 隻　　　(D) 400 隻

15-16 為題組

　　小李在低倍顯微鏡下觀察切片，所得的構造如圖四 (甲) 所示，他進一步在高倍顯微鏡下將之放大觀察得圖四 (乙)。

15. 試就圖四 (甲) 推測下列何者可能是所觀察的實驗材料？

    (A) 雙子葉植物莖

    (B) 單子葉植物莖

    (C) 雙子葉植物根

    (D) 單子葉植物根

(甲)　　　　　　(乙)

16. 圖四 (乙) 的 X 所指是何種組織？

    (A) 分生組織　　(B) 保護組織　　(C) 輸導組織　　(D) 支持組織

17. 進入電影院須數分鐘後才能看清影像，稱為眼睛的暗適應，其可能機制是瞳孔直徑擴大。下列何者與瞳孔直徑擴大有關？

    (A) 弱光抑制交感神經節後末梢釋出正腎上腺素

    (B) 弱光促使交感神經節後末梢釋出較多的正腎上腺素

    (C) 強光的作用使副交感神經節後末梢無法釋出足夠的乙醯膽鹼

    (D) 強光的後遺作用使交感神經節後末梢無法釋出較多的正腎上腺素

18. 下列有關人體內氧分壓高低比較的敘述，何者正確？
    (A) 肺動脈高於肺靜脈　　　　(B) 右心室高於左心室
    (C) 大動脈高於肺靜脈　　　　(D) 肺靜脈高於腎動脈

<u>19-20 為題組</u>

　　小李參加越野賽跑，沿途覺得非常口渴，急於尋找水喝。

19. 在此狀況下，小李體內血液中何種激素可能增多？
    (A) 甲狀腺素　　　　　　　　(B) 腎上腺素
    (C) 利尿激素　　　　　　　　(D) 血管加壓素（血管收縮素）

20. 在此狀況下，小李體內腎臟功能最可能的變化是甚麼？
    (A) 腎小球過濾率增加　　　(B) 腎小管對水的通透性降低
    (C) 集尿管對水的通透性增大
    (D) 集尿管對鈉離子的通透性降低

貳、多選題（30%）

說明：第 21 至 35 題，每題各有五個選項，其中至少有一個是正確
　　　的。選出正確選項，畫記在答案卡之「選擇題答案區」。每
　　　題 2 分，各選項獨立計分，每答對一個選項可得 0.4 分，每
　　　答錯一個選項倒扣 0.4 分，倒扣到本大題之實得分數為零為
　　　止。整題未作答者，不給分亦不扣分。在選項外畫記者，
　　　一律倒扣 0.4 分。

21. 在一族群中每一萬人就有一人罹患一種體染色體隱性遺傳疾病，
　　則在此族群中該隱性基因出現的頻率為何？（由 A、B 中選一）
　　此族群中約有多少百分比的人攜帶此隱性基因？（由 C、D、E 中
　　選一）
    (A) 0.1%　　　(B) 1%　　　(C) 2%　　　(D) 4%　　　(E) 10%

22. 下列哪些生物屬於「真菌界(菌物界)」？

　　(A) 木耳　　　(B) 靈芝　　　(C) 藍綠菌　　　(D) 酵母菌　　　(E) 乳酸菌

23. 長期居住在玉山北峰氣象站後，人體可能會產生哪些生理變化？

　　(A) 紅血球數目增多　　　　(B) 白血球數目增加

　　(C) 肺泡數目增多　　　　　(D) 肺體積增大

　　(E) 肺泡微血管增加

24. 下列有關植物荷爾蒙（激素）作用的敘述，哪幾項正確？

　　(A) 吉貝素能促進植物莖部延長、種子萌發

　　(B) 離酸（離素、離層素、離層酸）會促進離層形成

　　(C) 細胞分裂素能刺激植物細胞分裂、延遲葉片老化

　　(D) 生長素的作用與頂芽優勢、向光性和向地性等反應有關

　　(E) 氣態植物激素乙烯能促進氣孔關閉

25. 下列有關激素與其功能的配對，哪幾項正確？

　　(A) 甲狀腺素：身體產熱量升高

　　(B) 腎上腺素：血糖下降

　　(C) 胃泌素：促進胃液分泌

　　(D) FSH：促進黃體激素分泌

　　(E) 葡萄糖皮質素：抗發炎作用

26. 下列有關基因與遺傳的敘述，哪幾項正確？

　　(A) 體細胞突變能遺傳給後代

　　(B) 遺傳性狀皆由單一特定基因所決定

　　(C) 聯鎖的基因，其距離和互換率成正比

　　(D) 以基因型 Rr 為例，R 與 r 互為等位基因（對偶基因）

　　(E) 孟德爾實驗的豌豆係異花授粉，易進行人工交配實驗

27. 下列有關 DNA 結構的敘述，哪幾項正確？
    (A) DNA 分子中的五碳糖是去氧核糖
    (B) 雙股 DNA 中 A/T 的比值等於 C/G
    (C) 單股 DNA 中 A 和 T 的百分組成相同
    (D) DNA 兩股的序列相同
    (E) 雙股 DNA 中，由一股的序列可推出另一股的序列

28. 下列哪些情形顯示生態環境趨向惡化？
    (A) 掠食性鳥類數量增加　　　　(B) 樹上的地衣多樣性增加
    (C) 空氣中二氧化硫濃度下降　　(D) 蝴蝶數量增加、種類減少
    (E) 水中的耐低氧昆蟲數量增加

29. 氮是生物生存不可或缺的元素之一。下列有關氮循環的敘述，哪
    些正確？
    (A) 植物主要從土壤獲得氮元素　　(B) 固氮細菌可協助動物吸收氮
    (C) 根瘤菌可協助植物排除含氮廢物
    (D) 若沒有微生物，氮循環就無法完成
    (E) 大氣中的游離氮含量極高，多數生物可藉擴散作用直接利用

30. 台灣高山地區發展的溫帶果園曾經享譽多年，後來卻衍生出下列
    哪些生態問題？
    (A) 引發深層地震　　　　　　(B) 危及紅樹林生態系
    (C) 農藥流入溪流造成水源污染
    (D) 砍伐森林和種植果樹造成水土流失
    (E) 導致國寶魚櫻花鉤吻鮭的棲地縮減

31. 腦下腺前葉所分泌的黃體成長激素 (LH)，具有下列哪些生理功能？
    (A) 刺激排卵　　　　　　　　(B) 刺激雄性素合成
    (C) 促使子宮壁增生　　　　　(D) 抑制子宮平滑肌活動
    (E) 抑制下視丘釋出生殖促進激素釋放激素 (GnRH)

<u>32-33 為題組</u>

鐮形血球貧血症患者的基因型為 S'S'，病患會有嚴重貧血症狀以致於在孩童期即夭折。至於異型合子基因型（SS'）者僅呈現輕微貧血，但特別的是這些個體在瘧疾流行區，存活率較基因型為 SS 之正常個體高。

32. 在非洲某一瘧疾盛行的地區中，SS'基因型者佔成人族群的 20%，則此地區族群後代出現鐮形血球貧血症的機率為何？(由 A、B 中選一) 若該地區瘧疾絕跡後，則此族群中 SS'基因型頻率會有何變化？（由 C、D、E 中選一）

    (A) 1%　　(B) 4%　　(C) 降低　　(D) 不變　　(E) 升高

33. S'基因頻率在非洲某些地區明顯偏高，其可能原因何在？

    (A) 地理隔離

    (B) 天擇

    (C) 瘧疾的篩選作用

    (D) 鐮形血球的攜氧能力低

    (E) 含異常血紅素的紅血球不易被瘧原蟲感染，是有利遺傳性狀

34. 下列有關病毒的敘述，哪幾項正確？

    (A) 噬菌體為感染細菌的病毒

    (B) 病毒為原核生物，不具有粒線體等胞器

    (C) 病毒具有遺傳物質，能在自身顆粒內製造所需的蛋白質

    (D) 病毒對寄主的專一性很低，容易發生不同種寄主間的交叉感染

    (E) 病毒在感染寄主細胞後，有時會發生潛溶現象，與寄主細胞共存

35. 天擇是達爾文演化論的核心，下列哪幾項屬於天擇作用？
    (A) 無毒蝴蝶的斑紋愈來愈像有毒蝴蝶的斑紋
    (B) 花蜂偏好紅花，導致某種植物紅花比例增加
    (C) 從前的玉米果粒很小，經多年篩選後才產生現今大果粒的玉米
    (D) 年雨量逐年增加使植物果實逐漸變大，食果性鳥類的喙隨之變大
    (E) 同種鳥類在求偶儀式中的行為都非常雷同（求偶行為有異者因不易擇偶而無後代）

參、閱讀題（24%）

說明：第 36 至 45 題，選出正確選項，畫記在答案卡之「選擇題答案區」。單選每題答對得 2 分，答錯或畫記多於一個選項者倒扣 2/3 分。多選每題各有五個選項，其中至少有一個是正確的，選出正確選項，畫記在答案卡之「選擇題答案區」，每題 3 分，各選項獨立計分，每答對一個選項，可得 0.6 分，每答錯一個選項，倒扣 0.6 分，在選項外畫記者，一律倒扣 0.6 分，整題未作答者，不給分亦不扣分。倒扣到本大題之實得分數為零為止。

閱讀一

　　綠色植物進行光合作用的過程常被區分為「光反應」和「暗反應」二個階段。暗反應中固定二氧化碳的步驟是由簡稱為 Rubisco 的酵素負責催化進行，該酵素的活性會受到多重因子的調控。有研究結果顯示，葉綠體基質內氫離子濃度降低與鎂離子濃度提昇，有利於其酵素活性的表現；再者，光照可增進「Rubisco 活化酵素」（Rubisco activase）的活性，以提昇 Rubisco 酵素的活性。此外，也有報導指出，在黑暗中，葉肉細胞會持續生成 Rubisco 的抑制分子，但在光照條件下，該抑制分子會分解而失去其作用。除了 Rubisco 之外，目前已知至少還

有其他 4 種參與暗反應的酵素也需要照光才能被活化。因此，光合作用的暗反應不僅需要利用光反應的產物，同時也需要光照以活化多種參與其反應的酵素，所以，光合作用「暗反應」的進行並不是完全與光照無關。

根據上文，回答 36-38 題：

36. 本文主要在強調下列何種概念？(單選)
　　(A) 光合作用酵素的調控機制　　(B) 光合作用產生 ATP 的過程
　　(C) 光照對於「暗反應」的重要性
　　(D) 「光反應」與「暗反應」之關係

37. 目前已知會受光照直接或間接活化的暗反應酵素共有幾種？
　　(單選)
　　(A) 1 種　　　　(B) 2 種　　　　(C) 4 種　　　　(D) 5 種

38. Rubisco 酵素之活性受下列哪些因素的調控？(多選)
　　(A) pH 值　　　　　　　　　(B) 鎂離子濃度
　　(C) 光反應酵素活性　　　　　(D) Rubisco 活化酵素
　　(E) Rubisco 抑制分子

閱讀二

　　眞核細胞基因表現時，由 DNA 轉錄出的前驅 mRNA (pre-mRNA)，經加上 5' 端帽(Gppp) 及 3' 端聚腺嘌呤 [poly(A) tail] 後，還需經裁接的過程將中斷子(intron) 切除及表現子(exon) 接合，才成爲成熟的 mRNA。一般來說，一個基因生成一種成熟的 mRNA 及一種蛋白質。不過有些基因經轉錄後，其指令會被細胞以選擇性裁接法(alternative splicing) 與 RNA 編輯法(RNA editing) 編輯。經過這樣的編輯後，就可讓一小群的基因，產生一大群不同種類與功能的蛋白質，來增加基因的用途。

　　選擇性的裁接包括裁掉某一表現子、保留某一中斷子、多種選擇中斷子的 5' 端或 3' 端的裁接點、或在不同裁接形式中保留不同組合的表現子等。如老鼠調節肌肉收縮的 α-*tropomyosin* 基因包含14 個表現子，其中 6 個組成 3 對，每對中僅有 1 個會被保留在成熟的mRNA上，故選擇性裁接的結果，導致在不同的組織中，共生成10 種不同的 α-tropomyosin 蛋白質。RNA 編輯是指在轉譯前將前驅mRNA 上的核苷酸序列加以修改，主要的修改形式包括鹽基置換編輯及鹽基插入或移除編輯。人的*apoB* 基因即為鹽基置換編輯的一個例子，在肝臟細胞中*apoB* 基因表現出ApoB-100 蛋白質(其中的數字表示組成此蛋白質的胺基酸數目)，但在小腸細胞中則表現出ApoB-48 蛋白質(其中的數字表示組成此蛋白質的胺基酸數目)。在小腸細胞中，*apoB* mRNA 上靠近中間位置的某一CAA 密碼子上的C 被編輯為U，於是新生成一蛋白質合成的終止密碼，導致轉譯的蛋白質分子量減半。

根據上文，回答 39-42 題：

39. 選擇性裁接及RNA 編輯作用，發生在細胞內的哪一部位？(單選)
    (A) 核糖體 　　　　　　　(B) 細胞核
    (C) 細胞質 　　　　　　　(D) 內質網

40. 試推論出下列何者為蛋白質合成的終止密碼？(單選)
    (A) CAA 　　　　　　　　(B) CAU
    (C) CUA 　　　　　　　　(D) UAA

41. 下列何者與 α-*tropomyosin* 基因的選擇性裁接相關？(單選)
    (A) 某一表現子被選擇性裁掉
    (B) 某一中斷子被選擇性保留
    (C) 中斷子的5'端有多種選擇
    (D) 在不同裁接形式中保留不同的表現子

42. 下列有關 ApoB-100 及 ApoB-48 蛋白質的敘述，何者正確？(多選)
   (A) 兩者有 48 個胺基酸完全一樣
   (B) 兩者都是*apoB* 基因產物
   (C) 二者 mRNA 的長度差一倍
   (D) 二者因轉譯後修飾造成差異
   (E) 選擇性裁接產生小分子的ApoB-48 蛋白質

閱讀三

　　氣喘的症狀是氣管平滑肌收縮，以致氣管半徑變小，呼吸氣流不順暢；患者氣管的粘液分泌量還會增加，使得已經狹窄的氣管更不順暢；此外，患者也對過敏原、刺激性物質、細菌或病毒感染非常敏感，甚至冷空氣都會促使其氣管過度反應。

　　氣喘的病理機制非常複雜，與支配氣管的自主神經有關；交感神經能促使氣管平滑肌舒張，而迷走神經卻使氣管平滑肌收縮。迷走神經末梢釋出的乙醯膽鹼，會作用於平滑肌細胞上的蕈鹼受器(體)，這種受器有五種亞型，氣管平滑肌細胞的蕈鹼受器是 M_3 亞型受器，有趣的是迷走神經末梢也有受器，屬於 M_2 亞型受器。迷走神經興奮時，其末梢所釋出的乙醯膽鹼，除作用於 M_3 受器外，也會作用於 M_2 受器，乙醯膽鹼作用於 M_3 受器會引起氣管平滑肌收縮，但作用於 M_2 受器卻抑制乙醯膽鹼釋放，換句話說，M_2 受器係以一種負回饋作用機制來調節乙醯膽鹼的釋放。爾來，發現濾過性病毒會傷害 M_2 受器，使之喪失功能，引起病患的氣管過度反應，病情更為嚴重。

　　支配氣管的迷走神經尚含有另一種無鞘神經纖維，稱為 C 纖維，屬於感覺神經。當 C 纖維受到刺激時，一方面將訊息傳入中樞神經，引起反射作用，另一方面是其神經末梢會釋放 P 物質，引起氣管平滑肌收縮、腺體分泌增多。這種神經纖維非常特殊，即使利用藥物將交感神經與副交感神經的作用全都阻斷，C 纖維末梢繼續釋放神經傳遞物，因此有非交感神經非副交感神經之稱。多年來，科學家都知道

C 纖維神經末梢有辣椒素受器(辣椒素是從紅辣椒所提煉的成份)。最近的報告發現，辣椒素受器本身就是一種離子通道，空氣中許多刺激性分子、微粒、甚至是溫度變化等，都會促使這種離子通道開啓，使鈣離子與鈉離子進入並興奮 C 纖維。

根據上文，回答 43-45 題：

43. 下列何者會促使氣喘更爲嚴重？(單選)
    (A) 過敏原或冷空氣
    (B) 乙醯膽鹼過度降低
    (C) 正腎上腺素分泌增強
    (D) 蕈鹼受器 M_2 亞型的功能增強

44. 濾過性病毒促使氣喘病情嚴重的可能機制是甚麼？(多選)
    (A) 直接作用於氣管平滑肌
    (B) 使蕈鹼受器 M_3 亞型失去作用
    (C) 使蕈鹼受器 M_2 亞型失去作用
    (D) 興奮副交感神經因而釋出過多的乙醯膽鹼
    (E) 使釋放乙醯膽鹼的負回饋調節作用喪失

45. 下列有關 C 纖維及 P 物質的敘述何者正確？(多選)
    (A) C 纖維興奮會引起氣喘
    (B) 利用副交感神經阻斷劑可抑制 C 纖維興奮
    (C) 辣椒素受器只會受到辣椒素的作用
    (D) P 物質會使鈣離子及鈉離子進入 C 纖維
    (E) 能阻斷 P 物質釋放的物質有開發成治療氣喘藥物之潛力

肆、非選擇題（26%）

說明：本大題共有四題，答案務必寫在答案卷上，並於題號欄標明
　　　題號（一、二、三、四）與子題號（1、2、3...）。作答時不
　　　必抄題。每題題分標於題末。

一、某血型檢驗室利用抗 A 血清、抗 B 血清、O 型個體的血清及
　　AB 型個體的血清等四種血清，對甲、乙、丙三人進行血液凝
　　集反應測試，其結果如表一所示（＋表示凝集反應、－ 表示無
　　凝集反應），試依據實驗結果，回答下列問題。

表一

	抗 A 血清	抗 B 血清	O 型個體的血清	AB 型個體的血清
甲	＋	－	＋	－
乙	＋	＋	＋	－
丙	－	－	－	－

1. 甲的血液為何會與 O 型個體的血清產生凝集反應？(2 分)
2. 甲、乙、丙三人中，何者的血清中不含抗 A 及抗B 抗體？(2 分)
3. 參與上述凝集反應的抗原位於血液中何處？(2 分)
4. 血液中哪一種細胞製造參與上述凝集反應的抗體？(2 分)

二、黑身 (b)、短翅 (v) 為果蠅的二個隱性突變，二者基因座（locus，
　　基因在染色體上的位置）都在同一條染色體上。若黑身、長翅
　　（bbVV）及灰身、短翅（BBvv) 的親代交配，產生的第一子代
　　與黑身短翅者進行試交（test cross）後，所觀察的 1000 個第二
　　子代的表型及數目如表二。請依據實驗結果，回答下列問題。

表二

第二子代	數目
灰身長翅	89
黑身短翅	81
灰身短翅	425
黑身長翅	405

1. 實驗中用來試交的黑身短翅者，其基因型為何？(2 分)

2. 表二的第二子代表型中，哪些為互換造成基因重組的結果？(2 分)

3. 根據第二子代的表型比例，本實驗中 vB 基因發生互換的機率為何？(2 分)

4. 位於同一條染色體上的基因於減數分裂時會分配到同一個配子，這種現象稱為什麼？(2 分)

三、 有一含有未知濃度的 X 細菌溶液，若取其菌液 0.1 毫升與 0.9 毫升無菌水充分震盪混合後，分別取 0.1 毫升稀釋後的菌液，均勻塗抹於甲、乙、丙三個細菌培養基上，經過 37℃ 隔夜培養後 (由一個細菌培養成一個肉眼可見的菌落所需的時間)，發現培養基上分別長出154、180、170 個菌落。

根據上述實驗，回答下列問題：

1. 若取上述的稀釋菌液 0.2 毫升，塗抹於一個細菌培養基上，經過 37℃ 隔夜培養後，理論上，該培養基將可能觀察到多少個菌落？(2 分)

2. 理論上，X 細菌溶液的原始濃度(細菌個數/毫升)為何？(2 分)

四、 牽扯 (伸張、牽張) 反射是我們日常維持身體姿勢與平衡的重要
生理反應,這種反射與肌梭 (牽張感受器) 受到牽扯有關。肌梭
呈梭狀,內有與梭外的骨骼肌成平行排列的肌纖維。肌梭內的
肌纖維有 Ia 感覺神經分布 (圖五),當骨骼肌被外力 (如手上重
物) 拉長時,肌梭內的纖維也同時被拉扯而興奮,並將訊號傳

到分布於肌梭的感覺神經
元,進而產生牽扯反射。
圖五表示手掌支撐了 100
公克物體時的牽扯反射的
神經徑路,箭頭表示神
經衝動傳導方向。試據以
回答下列各題。

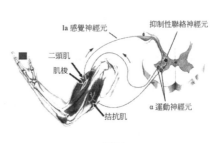

圖五

1. 肌梭隱藏於骨骼肌中有何功能? (2 分)
2. 在這樣的牽扯反射過程中,抑制性聯絡神經元管制感覺神經元,
   使其神經衝動不會傳至拮抗肌運動神經元,其主要目的是甚麼?
   (2 分)
3. 若在圖五中的手掌上添加 2 公斤重的物體,下列哪些敘述正確?
   (應選二項) (2 分)
   (A) 二頭肌收縮至更短
   (B) 拮抗肌與其運動神經活動增強
   (C) 感覺神經傳入中樞神經的訊息減弱
   (D) 支配二頭肌的運動神經所傳導的神經衝動減弱
   (E) 分布於二頭肌肌梭的感覺神經所傳出的神經衝動增強

九十四年度指定科目考試生物科試題詳解

壹、單一選擇題

1. **A**

   【解析】 (A) 溶體內具水解酶與細胞內物質的分解、更新有關。

2. **B**

   【解析】 MN×MN → MM：MN：NN＝1：2：1

   MN 佔 2/4＝1/2

   $I^AI^B × I^AI^B → I^AI^A : I^AI^B : I^BI^B ＝ 1：2：1$

   I^AI^B 佔 2/4＝1/2

   後代中出現 MNI^AI^B 型的機率為(1/2)(1/2)＝1/4

3. **A**

   【解析】 大部分物質包括鈉的再吸收主要都發生在近曲小管。

4. **C**

   【解析】 愛滋病（後天免疫缺乏症候群）病原體是 HIV
   （人類後天免疫不全病毒）。

5. **D**

   【解析】 UAU、CUA、UCU、AUC 各決定一種胺基酸。

6. **D**

   【解析】 在開放環境的族群生長曲線初期為 J 型曲線 (D)，慢慢
   的達到負荷量轉變為 S 型曲線。

7. **D**

【解析】　控制肺炎雙球菌莢膜的物質是質體，而質體是一種環狀 DNA。

8. **A**

【解析】　DNA 為半保留複製，新環境中只有 N^{14} 的材料。

∴新股必不會是 N^{15}，故兩股仍為 N^{15} 的後代不存在。

9. **C**

【解析】　晝夜顛倒＝半天＝12 小時

生物鐘不歸零的情況，蟑螂的作息每日差 1 小時

12(小時)÷1(小時/日)＝12 日

10. **B**

【解析】　甲：胚乳　　乙：子葉　　丙：胚芽　　丁：胚根

11. **D**

【解析】　只有甲處理的植株開花，而甲對乙為『長夜』，長夜開花→短日照。

∴考慮本題要以短日照植物的角度思考

(A) 以黑暗期中斷不影響開花。

(B) 將黑暗時數增至 12 小時，則「X 植物」開花。

(C) 以短暫光照中斷甲處理的黑暗期→短夜，則「X 植物」不開花。

12. **B**

【解析】　生物量：熱帶雨林＞溫帶森林＞溫帶草原＞凍原(寒原)

13-14 為題組

13. **A**

　　【解析】 第一世代及第二世代族群數量均為 10000 隻，表兩代
　　　　　　數目不變，一隻雌蛾平均產卵 400 粒，則只能有 2 隻
　　　　　　存活(取代兩個親代)，平均存活率為 2／400＝0.005

14. **C**

　　【解析】 設最初被標記的蛾數量 X
　　　　　　則 X／10000＝1／50
　　　　　　X＝200

15-16 為題組

15. **A**

　　【解析】 本題屬記誦題。

16. **D**

　　【解析】 X 是纖維冠(韌皮纖維)，為厚壁細胞構成，屬支持組織。

17. **B**

　　【解析】 瞳孔直徑擴大與交感神經有關，而交感神經節後末梢
　　　　　　釋出的是正腎上腺素。

18. **D**

　　【解析】

19-20 為題組

19. **D**

【解析】　血管加壓素(血管收縮素)＝抗利尿激素，有助加強水分的再吸收。

20. **C**

【解析】　尿液的濃縮發生在遠曲小管、集尿管。

貳、多選題

21. **BC**

【解析】　aa 佔一萬分之一＝0.0001＝q^2

∴a 的頻率 q＝0.01＝1 ％

∴A 的頻率 p＝0.99

此族群中攜帶此隱性基因的人有 Aa 及 aa

約有 $2pq+q^2=2(0.99)(0.01)+(0.01)^2 \fallingdotseq 2\%$

22. **ABD**

【解析】　(C) (E) 為原核生物界。

23. **ACDE**

【解析】　(B) 白血球與適應氧氣稀薄環境無關。

24. **ACD**

【解析】　(B) 乙烯會促進離層形成。

(E) 離素能促進氣孔關閉。

25. **ACE**

【解析】 (B) 腎上腺素：血糖上升。

(D) LH：促進黃體激素分泌。

26. **D 或 CD**

【解析】 (A) 生殖細胞突變才能遺傳給後代。

(B) 遺傳性狀有單一特定基因所決定，也有多對基因共同決定。

(E) 孟德爾實驗的豌豆係自花授粉。

27. **ABE**

【解析】 (C) 雙股 DNA 中 A 和 T 的百分組成才相同。

(D) DNA 兩股的序列相對應(A 配 T，G 配 C)。

28. **DE**

【解析】 (D) 蝴蝶種類減少表多樣性降低。

(E) 水中的耐低氧昆蟲數量增加，表水中含氧量降低。

29. **AD**

【解析】 (B) 固氮細菌只可協助植物吸收氮，而動物則藉由攝食補充。

(C) 根瘤菌可協助植物固氮。

(E) 大氣中的游離氮含量雖高，但只有少數生物(如固氮微生物)可直接利用。

30. **CDE**

　　【解析】　(A) 引發土石流。

　　　　　　　(B) 溫帶果園在上游與紅樹林生態系(在下游)關係不大。

31. **ABE**

　　【解析】　黃體素才是促使子宮壁增生、抑制子宮平滑肌活動、抑制下視丘釋出生殖促進激素釋放激素(GnRH)的激素。

32-33 為題組

32. **AC**

　　【解析】　SS′基因型者佔成人族群的 20%

　　　　　　　∴SS 基因型者佔成人族群的 $80\% = p^2 \rightarrow p = 0.9$

　　　　　　　　　$q = 0.1$

　　　　　　　此地區族群後代出現鐮形血球貧血症的機率為

　　　　　　　$q^2 = 0.01 = 1\%$

　　　　　　　若該地區瘧疾絕跡後，SS 不會因瘧疾而死亡

　　　　　　　∴SS 基因型者頻率增加

　　　　　　　反之 SS′基因型者頻率降低(排擠效應)

33. **BCE**

　　【解析】　此題為記憶題。

34. **AE**

　　【解析】　(B) 病毒不屬於五界生物。

　　　　　　　(C) 病毒具有遺傳物質，但缺乏酵素系統，不能自己製造所需的蛋白質。

(D) 病毒對寄主的專一性很高，需具有特定受體的細胞才會感染。

35. **ABDE**

　　【解析】　從前的玉米果粒很小，經多年篩選後才產生現今大果粒的玉米，**屬人擇**的結果。

參、閱讀題

閱讀一

36. **C**

　　【解析】　『**暗反應**不僅需要利用光反應的產物，同時也**需要光照**以活化多種參與其反應的酵素，所以，光合作用「暗反應」的進行並**不是**完全**與光照無關**』可知本文主要在強調光照對於「暗反應」的重要性。

37. **D**

　　【解析】　『除了 **Rubisco** 之外，目前已知至少還有其他 **4種**參與暗反應的酵素也需要照光才能被活化。』
　　　　　　→ Rubisco＋4種＝5種

38. **ABDE**

　　【解析】　『有研究結果顯示，葉綠體基質內**氫離子濃度降低**與**鎂離子濃度提昇**，有利於其酵素活性的表現；再者，光照可增進「**Rubisco 活化酵素**」(Rubisco activase)的活性，以提昇 Rubisco 酵素的活性。此外，也有報導指出，在黑暗中，葉肉細胞會持續生成 **Rubisco 的抑制分子**，但在光照條件下，該抑制分子會分解而失去其作用』

閱讀二

39. **B**

【解析】 RNA 經後修飾作用後才可離開細胞核。

40. **D**

【解析】 『apoBmRNA 上靠近中間位置的某一 **CAA 密碼子上的 C 被編輯為 U**，於是新生成一蛋白質合成的**終止密碼**』→ 可知終止密碼為 UAA。

41. **D**

【解析】 『老鼠調節肌肉收縮 α-tropomyosin 基因包含 14 個表現子，其中 6 個組成 3 對，**每對**中僅有 1 個會被保留在成熟的 mRNA 上，故**選擇性裁接**的結果，導致在不同的組織中，共生成 10 種不同的 α-tropomyosin 蛋白質。』→ 在不同裁接形式中保留不同的表現子
(A) 有三個表現子被選擇性裁掉。

42. **AB**

【解析】 (C) 二者 mRNA 的長度相同，蛋白質才是差一倍。
(D) 二者因『轉錄』後修飾造成差異。
(E) 小分子的 ApoB-48 蛋白質乃經由『編輯』產生。

閱讀三

43. **A**

【解析】 『患者也對**過敏原**、刺激性物質、細菌或病毒感染非常敏感，甚至**冷空氣**都會促使其氣管過度反應』。
(B) 乙醯膽鹼過度增加才會促使氣喘更為嚴重

(C) 正腎上腺素分泌增強會促進氣管舒張

(D) 蕈鹼受器 M_2 亞型的功能增強會抑制乙醯膽鹼分泌，減緩氣喘症狀

44. CE

【解析】 『M_2 受器抑制乙醯膽鹼釋放(負回饋調節)…濾過性病毒會<u>傷害 M_2 受器</u>，使之喪失功能』。

45. AE

【解析】 (B) C 纖維不屬於副交感神經，利用副交感神經阻斷劑無法抑制 C 纖維興奮。

(C) 『辣椒素受器本身就是一種離子通道，空氣中許多<u>刺激性分</u>子、<u>微粒</u>、甚至是<u>溫度變化</u>等，都會促使這種離子通道開啟，使鈣離子與鈉離子進入並興奮 C 纖維。』→ 辣椒素受器不只會受到辣椒素的作用。

(D) <u>刺激性分</u>子、<u>微粒</u>、<u>溫度變化</u>會使鈣離子及鈉離子進入 C 纖維，而 P 物質則是作用在平滑肌細胞

肆、非選擇題

一、【解析】 (1) 因為甲的紅血球上的 A 抗原，可以和 O 型血清中的 A 抗體結合而引起凝集反應。

(2) 乙。

(3) 紅血球表面。

(4) B 淋巴球(漿細胞)。

如解：甲：A 型　　乙：AB 型　　丙：O 型

二、【解析】 1. bbvv　2. 灰身長翅及黑身短翅　3. 17%　4. 聯鎖

(1) 試交必為全是隱性基因純種個體。

(2) 基因重組機率不會超過 50%。

∴灰身長翅及黑身短翅數目較少，為互換造成基因重組的個體。

(3) (89＋81)／1000＝17%。　　(4) 如解。

三、【解析】 1. 336 個菌落　2. 16800/ml

(1) 0.1 毫升稀釋後的菌液平均可以培養出(154＋180＋170)／3＝168 個菌落。

∴ 0.2 毫升稀釋後的菌液可以培養出 168 × 2＝336 個菌落。

(2) 稀釋十倍後，每 0.1 毫升稀釋後的菌液平均可以培養出 168 個菌落(表示此稀釋液中有 168 個細菌)。

∴ X 細菌溶液中每毫升有 168×10×10 = 16800 個細菌。

四、【解析】 (1) 感受肌肉的張力與拉力，為一種本體受器。

(2) 避免互為拮抗的肌肉同時收縮，而使動作無法產生。

(3) A、E。

九十四學年度指定科目考試（生物）

大考中心公佈答案

題號	答案	題號	答案	題號	答案
1	A	21	BC	41	D
2	B	22	ABD	42	AB
3	A	23	ACDE	43	A
4	C	24	ACD	44	CE
5	D	25	ACE	45	AE
6	D	26	D 或 CD		
7	D	27	ABE		
8	A	28	DE		
9	C	29	AD		
10	B	30	CDE		
11	D	31	ABE		
12	B	32	AC		
13	A	33	BCE		
14	C	34	AE		
15	A	35	ABDE		
16	D	36	C		
17	B	37	D		
18	D	38	ABDE		
19	D	39	B		
20	C	40	D		

九十四學年度指定科目考試
各科成績標準一覽表

科　目	頂　標	前　標	均　標	後　標	底　標
國　文	60	53	44	34	27
英　文	69	55	34	16	8
數學甲	59	47	32	19	11
數學乙	61	46	25	10	4
化　學	76	59	34	15	8
物　理	57	41	23	12	6
生　物	71	59	44	31	22
歷　史	56	48	35	22	13
地　理	55	47	36	25	18

※ 以上五項標準係依各該科全體到考考生成績計算，且均取整數（小數
　只捨不入），各標準計算方式如下：

　頂標：成績位於第 88 百分位數之考生成績。

　前標：成績位於第 75 百分位數之考生成績。

　均標：成績位於第 50 百分位數之考生成績。

　後標：成績位於第 25 百分位數之考生成績。

　底標：成績位於第 12 百分位數之考生成績。

九十三年大學入學指定科目考試試題
生物考科

壹、單選題（20%）

說明：第 1 至 20 題，每題選出一個最適當的選項，劃記在答案卡之「選擇題答案區」。每題答對得 1 分，答錯倒扣 1/3 分，倒扣到本大題之實得分數為零為止。整題未作答者，不給分亦不扣分。

1. 某藥廠欲測試其所生產的綜合維他命是否會對人體造成不良的副作用，於是徵求2000名受測者（男性900名，女性1100名），每人每日服用一顆該藥廠所生產的綜合維他命錠，六個月後，藥廠派出醫事人員對全體受測者進行副作用調查。以下哪一項為上述測試過程的最主要缺點？
   (A) 受測人數太少
   (B) 測試的期間太短
   (C) 缺少對照組（控制組）
   (D) 不同性別的受測人數應該完全相等

2. 新物種如何形成是研究物種演化過程的重要議題之一。物種形成的可能原因有很多種，但卻不包括下列哪一項？
   (A) 多倍體生成
   (B) 族群間產生生殖隔離
   (C) 族群間產生地理隔離
   (D) 族群間遺傳交流增加

3、4 題為題組

　　某植物營養器官的橫切面及其內部構造的放大情形如圖一，請據以回答第 3-4 題。

3. 根據圖一的特徵，該營養器官應為下列哪一項？
   (A) 單子葉植物的莖
   (B) 雙子葉植物的莖
   (C) 單子葉植物的根
   (D) 雙子葉植物的根

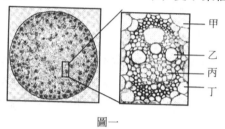

圖一

4. 圖一中的哪些部位在植物體內具有輸送養分或水分的功能？
   (A) 甲　　　　(B) 甲乙　　　　(C) 乙丙　　　　(D) 丙丁

5. 神經傳遞物質的主要作用機制，是透過與細胞膜上的接受器結合，直接或間接調節細胞膜上離子通道的開啟或關閉，造成離子通透性的改變，進而改變細胞膜電位。假如某一神經傳遞物質會使細胞膜上的氯離子通道開啟，則對膜電位會造成何種影響？
   (A) 產生動作電位
   (B) 膜電位維持不變
   (C) 產生過極化現象
   (D) 產生去極化現象

6. 植物的生長與發育除了受環境因子的影響之外，也受植物體內激素的調節。下列有關植物激素作用的敘述，哪一項錯誤？
   (A) 生長素與植物的頂芽優勢有關
   (B) 乙烯可以促進植物的老化及果實的成熟
   (C) 植物的向光性反應與細胞分裂素的作用有關
   (D) 離層素可以抑制植物之生長，促進芽的休眠

7、8題為題組

有甲、乙、丙、丁四種蜥蜴，其某功能基因之部分DNA序列如下：

蜥蜴	某功能基因之部分DNA序列
甲	ATGGGTGTTATTTCTTCCGGATGTAAATATT
乙	ATGGGTGTTATTTC**C**TCCGGATGTAAATATT
丙	ATGGGTGTCATTTCTTCTGGATCAAAGTATT
丁	ATGGGTGTTATCTCTTCCGGATCAAAGTATT

根據上述資料，回答第7-8題。

7. 蜥蜴乙的DNA序列中，標有底線的含C核苷酸（以**C**標示），最有可能是下列哪一種情形造成的？
   (A) 點突變　　　(B) 基因缺失　　(C) 基因插入　　(D) 基因互換

8. 如果這段DNA序列的相似度，可以反映這些蜥蜴間的親緣關係，則和蜥蜴乙親緣關係最接近的種類是下列哪一項？
   (A) 蜥蜴甲　　　(B) 蜥蜴丙　　　(C) 蜥蜴丁　　　(D) 蜥蜴甲和丙

9. 平均動脈血壓會受到動脈血管的收縮或舒張、心搏出量和心跳速率等生理因素的影響。假設某人大量失血，為維持正常血壓，下列生理因素的變化，哪一項正確？
   (A) 動脈血管收縮、心跳速率增加
   (B) 動脈血管舒張、心跳速率減少
   (C) 動脈血管舒張、心跳速率增加
   (D) 動脈血管舒張、心跳速率維持不變

10. 圖二為甲、乙兩種植物在不同溫度條件下，光合作用效率的變化情形。請據此圖分析下列哪一選項正確？
    (A) 溫度5℃時，甲植物的光合效率大於乙植物的光合效率
    (B) 溫度22℃時，乙植物的光合效率大於甲植物的光合效率
    (C) 溫度50℃時，乙植物的光合效率大於甲植物的光合效率

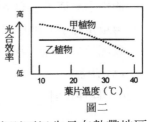

圖二

    (D) 甲植物較適合生長在溫帶地區，乙植物則可以生長在熱帶地區

11. 水池內某種藻類所分泌的毒素，會減緩在同水池中蝌蚪的生長。若該毒素為蛋白質生合成抑制劑，則下列哪一種細胞構造最可能是它直接作用的目標？
    (A) 細胞膜 　　　　　　(B) 核糖體
    (C) 液胞（液泡）　　　　(D) 溶體

<u>12、13 題為題組</u>

下列（甲）至（辛）為各種細胞中可能具有的構造，請據以回答第12-13題。
（甲）細胞壁　　（乙）細胞膜　　（丙）細胞核
（丁）粒線體　　（戊）葉綠體　　（己）內質網
（庚）高基氏體　（辛）核糖體

12. 下列哪一選項中的構造，是「大腸桿菌」和「水稻細胞」都具有的？
    (A) 甲、丙　　(B) 乙、丁　　(C) 戊、庚　　(D) 乙、辛

13. 下列哪一選項中的構造，是「水稻」和「老鼠」的大部分細胞都具有的？
    (A) 甲、乙、丙 　　　　(B) 丁、戊、己
    (C) 丙、庚、辛 　　　　(D) 乙、戊、己

14. 水裡的孑孓是以一根小管伸到水面呼吸。若用手揮過水面上方，手的影子會使孑孓向下潛逃，但是不久後又會回到水面呼吸。如果一再重覆揮手的動作，孑孓便不再對手的影子產生潛逃反應。這種現象屬於下列哪一項？
    (A) 印痕 　　　　　　　(B) 習慣性適應
    (C) 條件反射 　　　　　(D) 試誤學習

15. 人類女性月經週期期間,體內激素甲和激素乙的變化情形如圖三。
請據此圖判斷這兩種激素的種類。

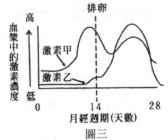

圖三

(A) 激素甲為動情素,激素乙為
黃體素(助孕素)
(B) 激素甲為黃體素(助孕素),
激素乙為動情素
(C) 激素甲為動情素,激素乙為
濾泡刺激素(FSH)
(D) 激素甲為黃體素(助孕素),激素乙為黃體刺激素(LH)

16. 人口年齡結構呈下降型(或稱之為衰退型、負成長型)的社會,其
4 歲以下幼兒的個體數和40-44 歲中年人的個體數相比較結果為
何?
(A) 幼兒的個體數比中年人的個體數少
(B) 幼兒的個體數不受中年人個體數的影響
(C) 幼兒的個體數和中年人的個體數一樣
(D) 幼兒的個體數比中年人的個體數多兩倍

17. 人類在長期使用同一種藥物後,隨著藥物使用次數的增加,原有劑
量所產生的藥物效用會有減少的現象,此即為對藥物產生耐受性的
現象(drug tolerance)。這種對藥物發生耐受性的概念,可用下列哪
一選項中的圖表示(甲線為剛開始使用某種藥物時的作用情形;乙
線為長期使用同種藥物後的作用情形)?

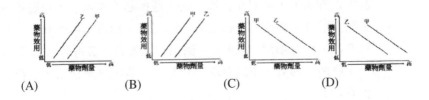

(A)　　　　　　(B)　　　　　　(C)　　　　　　(D)

18. 蜜蜂的社會階級有蜂后、工蜂和雄蜂等。若蜂后和工蜂的染色體數目均為30＋XX，則雄蜂的染色體數目應為下列哪一項？
    (A) 15＋X　　　　(B) 15＋O　　　　(C) 30＋XO　　　(D) 30＋XY

19. 表一內（甲）至（己）為人體的不同構造，其中哪幾項構造是T淋巴球生成與發育的場所？

表一

項目	（甲）	（乙）	（丙）	（丁）	（戊）
構造	肺臟	胸線	脾臟	骨髓	淋巴結

   (A) 甲、乙　　　(B) 乙、丙　　　(C) 乙、丁　　　(D) 乙、戊

20. 圖四中，（甲）至（戊）為細胞分裂不同時期的染色體變化示意圖。

（甲）　　　（乙）　　　（丙）　　　（丁）　　　（戊）

圖四

請據此圖，排列出動物細胞生成精子時染色體的變化順序。
   (A) 甲→丙→戊→乙→丁　　　(B) 丁→乙→丙→戊→甲
   (C) 丙→丁→乙→戊→甲　　　(D) 戊→丁→乙→丙→甲

貳、多選題（26％）

說明：第 21 至 33 題，每題各有五個選項，其中至少有一個正確的，
　　　選出正確選項，劃記在答案卡之「選擇題答案區」。每題各選
　　　項獨立計分，完全答對得 2 分，每答對一個選項可得 0.4 分，
　　　每答錯一個選項倒扣 0.4 分，倒扣至本大題之實得分數為零為
　　　止。整題未答者，不給分亦不扣分。在選項外劃記者，一律倒
　　　扣 0.4 分。

21. 下列有關細胞進行呼吸作用的敘述，哪幾項正確？
    (A) 酵母菌只會進行無氧呼吸作用
    (B) 植物細胞只在進入黑暗後才進行呼吸作用
    (C) 動物細胞可進行有氧及無氧呼吸作用
    (D) 所有生物細胞的呼吸作用都是在粒線體內進行
    (E) 細胞進行有氧或無氧呼吸作用時，都會進行糖解作用

22. 近年來，台灣地區外來物種入侵的問題日益嚴重。以下哪幾種物種對台灣地區而言是外來物種？
    (A) 火蟻　　　　　(B) 綠蠵龜　　　　　(C) 福壽螺
    (D) 台灣彌猴　　　(E) 櫻花鉤吻鮭

23. 下列所示細菌DNA 含氮鹼基的數量比例關係中，哪幾項正確？
    (A) $A = C$，$T = G$　　(B) $A = T$，$C = G$　　(C) $A + T = C + G$
    (D) $A + C = T + G$　　(E) $(A + G)/(C + T) = 1$

24. 生物可藉光合作用將太陽能轉變為化學能，供細胞利用。下列有關光合作用的敘述，哪幾項正確？
    (A) 能行光合作用的生物細胞都含有葉綠素
    (B) 能行光合作用的植物細胞都含有葉綠體
    (C) 植物細胞主要利用綠光來進行光合作用
    (D) 植物細胞進行光合作用時，將水分解產生氧分子的反應是在葉綠體的基質中進行
    (E) 植物細胞進行光合作用時，固定二氧化碳生成糖分子的反應是在葉綠體的囊狀膜上進行

25. 種子植物包括裸子及被子植物。下列有關被子植物的敘述，哪幾項正確？
    (A) 又常稱為開花植物　　　　(B) 主要藉風力傳播花粉
    (C) 細胞內都含有葉綠體　　　(D) 常見的個體為2n 的孢子體
    (E) 有性生殖時，會進行雙重受精產生子代

26. 下列哪幾項是在描述真菌與人類的關係？
    (A) 乳酸菌可以製造優酪乳
    (B) 香港腳是由真菌引起的
    (C) 酵母菌可用於烘製麵包與蛋糕
    (D) 大腸桿菌可提供維生素給人類利用
    (E) 青黴菌可用於製造抗生素治療疾病

27. 下列有關人類腎臟形成尿液時的過濾、再吸收及分泌作用之敘述，哪幾項正確？
    (A) 醛固酮可調節再吸收作用
    (B) 物質的再吸收主要是靠擴散作用
    (C) 分泌作用主要是把水份以擴散方式送至腎小管中
    (D) 過濾作用所產生的濾液中有水、胺基酸及尿素等
    (E) 再吸收的物質是自腎小管管腔向管壁細胞方向移動

28. 動物體內的感覺受器能偵測環境中的化學分子或物理刺激，並將其轉換成神經訊號，傳送至中樞神經系統使動物產生感覺。下列哪些受器可偵測化學分子的刺激？
    (A) 視覺受器　　(B) 聽覺受器　　(C) 味覺受器
    (D) 嗅覺受器　　(E) 平衡覺受器

29. 甲、乙和丙三種螢火蟲對環境條件的適應能力不盡相同。它們的分布區域之溫度及濕度範圍如圖五所示。請根據此圖分析下列哪幾項敘述是合理的？
    (A) 甲螢火蟲能適應的環境溫度較丙螢火蟲為高
    (B) 乙螢火蟲能適應的環境溫度範圍較甲螢火蟲為廣
    (C) 丙螢火蟲能適應的環境濕度範圍較乙螢火蟲為廣
    (D) 甲螢火蟲能適應的環境濕度範圍較丙螢火蟲為窄
    (E) 這三種螢火蟲有可能同時分布於溫、濕度範圍很窄的同一棲地中

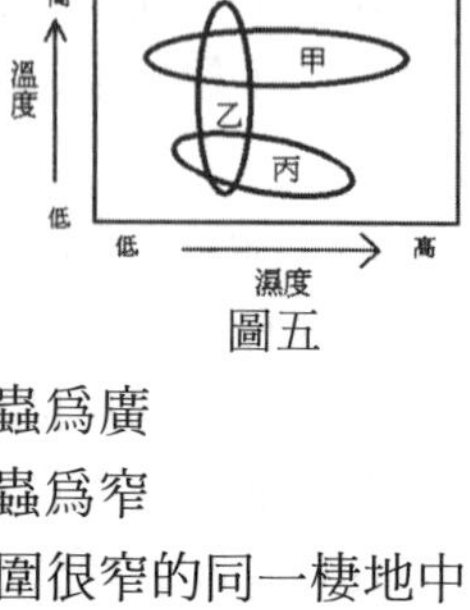

圖五

30. 下列有關植物吸收及運輸水分的敘述，哪幾項正確？
    (A) 植物根部的滲透壓大於周圍土壤的滲透壓時，水分會從周圍土壤往根部的方向移動
    (B) 根毛為多細胞的構造，可以增加根部吸收水分的表面積
    (C) 被子植物體內，水分主要透過導管運輸
    (D) 蒸散作用為植物體內水分得以上升的重要因素
    (E) 植物體內的水分主要經氣孔散失於空氣中

31. 下列有關人體冠狀循環及心血管疾病之敘述，哪幾項正確？
    (A) 若無冠狀循環，心肌就無法得到所需的氧氣
    (B) 冠狀動脈發自主動脈（大動脈）基部，並分成左右二支
    (C) 冠狀循環中有動脈和靜脈，但無微血管
    (D) 心絞痛是因心肌得不到充分的氧氣
    (E) 心肌梗塞是心肌被血塊所阻而失去滑動的功能

32. 人體面對壓力（或緊急狀況）時，體內會釋放與壓力反應有關的激素，使身體產生下列哪些生理反應？
    (A) 胃腸運動增加
    (B) 呼吸速率增加
    (C) 發炎反應增加
    (D) 心跳（心搏）速率增加
    (E) 肌肉中肝糖的分解作用增加

33. 近年來，酸雨對地球的土壤、河川及海洋都造成明顯負面影響。下列那些污染源是造成酸雨的主要因素？
    (A) 甲烷
    (B) 臭氧
    (C) 氮氧化物
    (D) 硫氧化物
    (E) 氟氯碳化物

參、閱讀題（24%）

說明：第 34 至 41 題，選出正確選項，劃記在答案卡之「選擇題答案
　　　區」。單選題每題答對得 3 分，答錯倒扣 1 分；多選題每題各
　　　選項獨立計分，完全答對得 3 分，每答對 1 個選項可得 0.6 分，
　　　每答錯 1 個選項倒扣 0.6 分，在選項外劃記者，一律倒扣 0.6 分。
　　　整題未作答者，不給分亦不扣分。倒扣到本大題之實得分數為
　　　零為止。

閱讀一

　　　在人體中，含離子的水溶液佔人體重量的三分之二，故要瞭解
生命的機制，必須先了解水分子與離子是如何進出細胞膜。阿格雷
於1988 年在紅血球的細胞膜上發現很多特別的膜蛋白，這些膜蛋
白鑲嵌在細胞膜中，形成管制水分子進出細胞的通道，負責調節人
體組織吸收和釋放水分。他的研究結果也顯示，氫離子不僅無法通
過水通道，還會降低水分子通過水通道的效率。

　　　1996 年，麥金農開始對細胞膜的鉀離子通道蛋白，進行X 光
晶體光譜學的研究。1998 年，他發表有關鉀離子通道之空間結構
及其離子運輸機制的重要論文。他的研究結果顯示，細胞膜上的鉀
離子通道只容許鉀離子通過，而其他如鈉或鈣離子，則無法通過，
究其原因是與鉀離子通道蛋白的結構有關。

　　　研究離子通道的特性，對於預防及治療人類疾病將有極大的貢
獻，例如發生腦中風後，神經細胞膜上的麩胺酸NMDA 型受器會
被過度活化，使得鈉離子及鈣離子大量進入神經細胞，並以正回饋
的方式引發更多鈣離子的進入，結果導致一連串化學變化，使得神
經細胞大量死亡。若能研發出新藥物以阻止過多鈣離子進入細胞
內，將有助於腦中風病患的治療。

根據上文，回答第34-35 題。

34. 下列有關水分子進出細胞的敘述，哪幾項正確？（多選）
    (A) 細胞的水通道是一種膜蛋白
    (B) 氫離子也是經由水通道進出細胞
    (C) 水分子可以自由通過細胞膜蛋白所形成的通道
    (D) 最初的細胞水通道研究是以神經細胞為材料
    (E) 相較於酸性溶液內的水分子，中性溶液內的水分子比較容易進入細胞

35. 下列有關離子進出細胞的敘述，哪幾項正確？（多選）
    (A) 細胞的鉀離子通道是一種膜蛋白
    (B) 鈉離子無法經由鉀離子通道進出細胞
    (C) 腦中風引發的神經細胞死亡，與鈣離子有關
    (D) 腦中風引發的神經細胞死亡，與鉀離子有關
    (E) 腦中風引發的神經細胞死亡，與鈉離子無關

閱讀二

　　流感病毒分A、B及C三型，其中以A型流感病毒寄主域最廣，可感染多種動物如豬、鯨及鳥類等，而大家所熟知的禽流感病毒就是感染鳥類的A型流感病毒。A型流感病毒的表面有血液凝集素與神經胺酸酶等兩種棘蛋白，前者令病毒得以進入細胞，因此也是決定病毒的寄主專一性之關鍵因子；後者則是在病毒於細胞內完成增殖後，協助子病毒破細胞而出。根據這些棘蛋白的結構，A型流感病毒又可分為多種亞型，血液凝集素（以H代表）有15個亞型，神經胺酸酶（以N代表）有9個亞型。造成2003年底亞洲禽流感疫情及人類感染案例的「H5N1型」病毒，即為具有第五亞型血液凝集素及第一亞型神經胺酸酶的A型流感病毒。

　　過去醫學界認為，禽流感病毒本身的毒性是造成人類死亡的原因，但是新的研究卻發現，人體免疫系統對病毒所產生的過度反應才是關鍵。當H5N1型禽流感病毒感染人體後，會使人體免疫系統過度反應，反而攻擊人體內的正常細胞，導致多種器官功能失調，

嚴重者會引發心臟衰竭，甚至死亡。目前科學家已成功開發針對 H 5N1 禽流感病毒的疫苗，這種疫苗既適用於家禽，也適用於人類，對預防禽流感帶來新的希望。不過專家表示，禽流感病毒會不斷產生突變，隨時都有可能產生新的病毒株，對全球人類的健康與生命造成嚴重的威脅。

根據上文，回答第36-38 題。

36. 「H5N1 型」是一種A 型流感病毒型號，依照這種表示法，下列哪幾項也是A 型流感病毒型號？（多選）
    (A) H10N8　　　(B) H16N8　　　(C) H8N10
    (D) H16N16　　 (E) H9N9

37. 下列有關禽流感病毒表面棘蛋白的敘述，哪幾項正確？（多選）
    (A) 禽流感病毒的血液凝集素有15 個亞型，神經胺酸酶有9 個亞型
    (B) 血液凝集素及神經胺酸酶同時作用的情況下，病毒才能進入細胞
    (C) 禽流感病毒對寄主細胞的專一性，主要是由血液凝集素造成的
    (D) 神經胺酸酶的作用主要發生在病毒增殖後
    (E) 血液凝集素是細胞釋出子病毒的關鍵因子

38. 下列有關禽流感的敘述，哪幾項正確？（多選）
    (A) 禽流感病毒只會感染亞洲人
    (B) 禽流感病毒很容易出現新變種
    (C) 人體的免疫系統不會對禽流感病毒產生反應
    (D) 已成功開發的禽流感病毒疫苗，只適用於家禽
    (E) 人體免疫系統對禽流感病毒的過度反應，才是禽流感致命的關鍵

閱讀三

　　嚙齒類動物的生殖相關行為，如雄性的求偶行為、雌性動情週期的產生、交配行為及配對行為等，主要是受到神經及內分泌系統的調節。雌鼠的動情週期主要與性腺所分泌的激素有關，卵巢摘除

後的雌鼠，不會出現動情週期；雄鼠的交配行為則主要受到睪固酮的調節。近期利用田鼠所進行的研究結果顯示，除了由性腺所製造的生殖激素外，腦垂腺後葉所釋放的抗利尿激素（簡稱為ADH）及催產素也會影響生殖相關行為。田鼠為一夫一妻制的生物，對雄鼠而言，其配對作用的產生，主要受到ADH的影響，雄鼠與雌鼠發生初次交配行為後，雄鼠腦中ADH之濃度會急速升高，誘發配對行為的產生，配對行為完成後，雄鼠即不再與其他雌鼠交配。若以可阻斷ADH作用的藥物預先處理雄鼠，則雄鼠雖仍能與雌鼠交配，但交配後卻不會與該雌鼠發生配對行為，相似的情形在雌鼠身上則由催產素而非ADH負責，但其詳細的作用機制，仍有待進一步探討。

根據上文，回答第39-41題。

39. 下列有關嚙齒類動物生殖相關行為的敘述，哪幾項正確？（多選）
    (A) 與腦垂腺後葉所釋放的激素無關
    (B) 雄鼠的交配行為會受到睪固酮的調節
    (C) 雄鼠的交配行為並非由催產素主控
    (D) 雌鼠的動情週期會受到催產素的調節
    (E) 雄鼠的配對行為會受到ADH的影響

40. 若要使卵巢被摘除掉的雌鼠重現動情週期，則應對該雌鼠補充下列哪些激素？（多選）
    (A) 睪固酮　　　　(B) 動情素　　　　(C) 黃體素（助孕素）
    (D) 催產素　　　　(E) 抗利尿激素

41. 假如在雌鼠初次交配前，預先投予可促進ADH作用的藥物，將會對雌鼠交配後之配對行為產生何種影響？（單選）
    (A) 會促進其配對行為的產生　　(B) 會抑制其配對行為的產生
    (C) 會破壞已建立的配對行為　　(D) 應不會影響雌鼠的配對行為

肆、非選擇題（30％）

說明：　依題序（一、二、三、四），且依小題號【(1)、(2)、(3)…】
順序在答案卷上作答，不必抄題。每小題2分。

一、某害蟲由卵發育爲成蟲所需的日數可由下列公式計算：
發育所需日數＝C /(Ta － To)　　C：發育常數（單位爲℃・日）
Ta：發育期間的環境平均溫度（單位爲℃）
To：啓動發育所需的最低溫度（單位爲℃）
由實驗得知，這種害蟲的發育常數爲450（℃・日），而To 值爲
10℃。根據上述資料，回答(1)-(4)題。
(1) 若發育期間的環境平均溫爲25℃，則這種害蟲需要多少日，
才能發育爲成蟲？
(2) 若這種害蟲在某地的夏季由卵發育爲成蟲需要22.5 日，則該夏
季的環境平均溫度爲多少℃？
(3) 承上題，如果某年該地夏季的環境平均溫度上升3℃，則這種
害蟲在當地發育爲成蟲的時間，需要多少日？
（四捨五入取整數）
(4) 如果某地冬季的環境平均溫度爲5℃，且最高溫與最低溫之間
相差4℃，則上述害蟲在該地的冬季需要多少日才能由卵發育
爲成蟲？

二、「密碼子」與「胺基酸」的對應關係如表二，根據此表的資料，
回答下列(1)-(4)題。
(1) 若有一細菌的mRNA，自「起始密碼子」開始計算，其第301~315
個核苷酸序列，依序爲AUCGAACUCGGGUAA，則該mRNA
的「起始密碼子」是甚麼？
(2) 按5'→ 3'的方向，寫出轉錄該段mRNA 序列
(AUCGAACUCGGGUAA)的DNA 鑄模(模板)序列。
(3) 由上述第301~315 個核苷酸序列所對應轉譯出來的胺基酸序
列是甚麼？
(4) 承題(1)，此mRNA 經轉譯作用生成的蛋白質，最多含有幾個
胺基酸？

第一鹼基	第二鹼基				第三鹼基
	U	C	A	G	
U	Phe	Ser	Tyr	Cys	U
	Phe	Ser	Tyr	Cys	C
	Leu	Ser	終止密碼子	終止密碼子	A
	Leu	Ser	終止密碼子	Trp	G
C	Leu	Pro	His	Arg	U
	Leu	Pro	His	Arg	C
	Leu	Pro	Gln	Arg	A
	Leu	Pro	Gln	Arg	G
A	Ile	Thr	Asn	Ser	U
	Ile	Thr	Asn	Ser	C
	Ile	Thr	Lys	Arg	A
	Met	Thr	Lys	Arg	G
G	Val	Ala	Asp	Gly	U
	Val	Ala	Asp	Gly	C
	Val	Ala	Glu	Gly	A
	Val	Ala	Glu	Gly	G

表二

三、圖六是某植物生活史中的可能構造，其中（乙）圖是（甲）圖中
　葉片的局部構造放大圖。根據圖六的資料，回答下列(1)-(3)題。

(1) 下列（Ａ）至（Ｅ）生物的生活史中，哪一種會出現類似圖（甲）
　　的構造？　寫出一個判斷理由。

　　(A) 地衣類　(B) 苔蘚類

　　(C) 蘇鐵類　(D) 蕨類植物

　　(E) 雙子葉植物

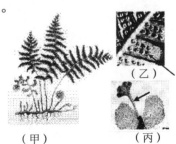

圖六

（甲）　（乙）　（丙）

(2) 寫出（乙）圖內箭頭所指的顆粒狀構造名稱。

(3) （丙）圖中箭頭所指的構造，是屬於該植物生活史中的哪一個世代？其細胞內的染色體套數是多少？

四、圖七為哺乳類動物體內氣體交換及運輸的示意圖。圖中 ⟹ 代表氧氣的交換或運輸方向；⟹ 代表二氧化碳的交換或運輸方向。根據圖七資料，回答下列(1)-(4)題。

(1) 正常生理狀態下，圖中甲、乙和丙三個部位的氧分壓大小關係如何？

(2) 該哺乳類動物移居高海拔地區且適應後，圖中甲、乙和丙三個部位的氧分壓大小關係如何？

(3) 與正常生理狀態時相比，一氧化碳中毒時，乙部位的氧分壓會產生何種變化？

(4) 承上題，說明造成此種變化的原因。

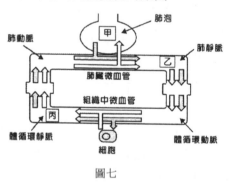

圖七

九十三年度指定科目考試生物科試題詳解

壹、單一選擇題

1. C

　【解析】(A) 人類實驗而言，200 人數已不算少數；

　　　　　(B) 以人類實驗而言，六個月已算長期時間；

　　　　　(C) 本實驗應設對照組服用無維生素之安慰劑；

　　　　　(D) 本實驗♀、♂性別個體數可算差異不大。

2. D

　【解析】(A) 多倍體為人為或自然雜交而得之新種；

　　　　　(B) (C) 隔離是造成新種產生之主要原因；

　　　　　(D) 不同族群間為不同種個體，故無法有性生殖，造成遺傳交流。

3. A

　【解析】本圖為維管束散生為單子葉莖之特色。

4. C

　【解析】甲為薄壁之基本組織－儲存；乙為導管－運輸水分；丙為篩管－運輸有機養分；丁仍為薄壁組織－儲存。

5. C

　【解析】在靜止膜電位時（極化現象）膜外有大量氯離子，當氯離通道打開大量氯離子進入細胞內，故細胞內負電性更大量增加，故發生過極化現象。

6. C

　【解析】(A)、(B)、(D) 皆正確；(C) 向光性為 IAA 的作用。

7. **A**
【解析】 本題甲、乙、丙、丁 DNA 含氮鹽基大約相同，而 "乙"
在原有某一 "T" 之位置改變爲 "C" 某一含氮鹽基之改
變稱之點突變。

8. **A**
【解析】 甲－乙二者僅一含氮鹽基改變
甲－丙二者僅四含氮鹽基改變
甲－丁二者僅四含氮鹽基改變
乙－丙二者僅六含氮鹽基改變
乙－丁二者僅五含氮鹽基改變
丙－丁二者僅三含氮鹽基改變
根據以上敘述甲、乙二者密碼差是最小，故是蜥蜴甲。

9. **A**
【解析】 (1) 大量失血會造成血壓下降；
(2) 心跳加快
　　 動脈管收縮 ｝ 二者皆促使血壓上升。

10. **D**
【解析】 (1) 甲植物在 10℃～30℃ 光合效率較高，故適合溫帶
地區生存。
(2) 乙植物在高低溫皆可，故熱帶地區較適合。

11. **B**
【解析】 因核醣體之功能爲合成蛋白質。

12. **D**
【解析】 原核細胞 (大腸桿菌) 與眞核細胞 (水稻細胞) 共同具有
的構造－核醣體、細胞膜、細胞壁，故本題僅 (D) 正確。

13. **C**

　【解析】　(甲) 爲植物細胞具有，故有 (甲) 的答案不合；(戊) 爲植物細胞具有，故有 (戊) 的答案不合，故本題正確答案爲 (C)。

14. **B**

　【解析】　本題考定義：

　　　　　　"B" 之答案：習慣性適應爲當一生物重複接受刺激，即對一些無太大影響之刺激不再產生反應，稱之習慣性適應，本題文字敘述合於此一定義。

15. **A**

　【解析】　動情素之曲線在排卵前後皆分泌量增加，排卵前增加較多。

　　　　　　黃體素之曲線只有在排卵後黃體形成後分泌量才增加，故本題合於 A 之答案。

16. **A**

　【解析】　下降型之人口年齡結構又稱之爲燈泡型，亦指出 40～44 或以上之人數遠超過幼兒人數。

17. **B**

　【解析】　本題完全按圖作題

　　　　　　(1) 無論是否產生耐受控性，皆會因藥物劑量之增加藥物效用增加，故曲線自左向右上升。

　　　　　　(2) 因有耐受控性的觀念，故乙爲長期使用，必會因較高濃度才開始作用，故乙必在甲之右側。

18. **A**

　【解析】　雄蜂爲單套染色體，故爲 $(30 + XX) / 2 = 15 + X$。

19. **C**

【解析】　按課本敘述 T-cell 由紅骨髓製造，胸腺成熟。

20. **C**

【解析】　丙－第一次分裂前期，染色體變粗短

丁－第一次分裂前期，染色體出現二分體

乙－第一次分裂前期，染色體聯會

戊－第二次分裂前期，成對染色體已分離

甲－第二次分裂末期，減數分裂完成。

貳、多選題

21. **CE**

【解析】　呼吸作用：細胞將 $C_6H_{12}O_6$ 氧化，獲得能量之過程

(A) 酵母菌氧氣充足時進行有氧呼吸，缺氧時，行無氧呼吸；

(B) 植物細胞在光照下，光合作用效率＞呼吸作用效率。黑暗時，僅行呼吸作用；

(D) 原核生物：呼吸作用產生 ATP 主要在細胞膜進行；真核生物：呼吸作用之有氧呼吸在細胞質之膠狀基質及粒線體進行，無氧呼吸在細胞質之膠狀基質中進行。

22. **AC 或 C**

【解析】　(A) 綠蠵龜為迴游性動物；(D)、(E) 為本省原生種。

23. **BDE**

【解析】　細菌之染色體單條雙股呈環狀，故仍符合查卡夫（Chargaff）通式

$\rightarrow \dfrac{A+G}{T+C}=1$ 且 $A=T$，$C=G$　故選 (B) (D) (E)

24. **AB**
　　【解析】 (A)、(B) 原核生物無葉綠體，僅葉綠素，植物細胞葉
　　　　　　　　綠素位於葉綠體之囊狀膜上；
　　　　　　　(C) 植物細胞主要吸收紅、藍光，反射綠光；
　　　　　　　(D) 光水解屬光反應，在葉綠體囊狀膜上進行；
　　　　　　　(E) 固定 CO_2 屬暗反應，在葉綠體基質中進行。

25. **ADE**
　　【解析】 (B) 除風力外，亦可藉水及昆蟲傳播花粉；
　　　　　　　(C) 僅部分薄壁組織及保衛細胞具葉綠體。

26. **BCE**
　　【解析】 (A) 乳酸菌屬細菌；(D) 大腸桿菌屬細菌。

27. **ADE**
　　【解析】 (B) 腎元再吸收主要靠主動運輸；
　　　　　　　(C) 分泌作用是藉腎小管管壁細胞將藥物、色素 H^+ 及
　　　　　　　　NH_4^+ 由血液中送至腎小管管腔。

28. **CD**
　　【解析】 (A) 光之刺激；(B)、(E) 為機械性刺激。

29. **ABC**
　　【解析】 (D) 溼度適應範圍甲＞丙；(E) 甲、丙不能同時存在。

30. **ACDE**
　　【解析】 (B) 根毛為根成熟部表皮細胞之凸出構造。

31. **ABD**
　　【解析】 (C) 冠狀循環中亦有微血管與心臟之細胞作物質交換；
　　　　　　　(E) 心肌梗塞是指冠狀動脈硬化且有血栓，部分因心肌
　　　　　　　　血流中斷造成組織壞死。

32. **BDE**

【解析】 人體面對壓力或緊急狀況時，造成交感神經興奮，刺
激腎上腺髓質釋出，腎正腺素及正腎上腺素引起：

(A) 胃腸蠕動變緩；

(C) 爲異物侵入個體時引發之反應與題目無關。

33. **CD**

【解析】 造成酸雨是空氣中 SO_2、NO、NO_2 及氯化物，故選
(C) (D)，而 (E) 爲造成臭氧層破壞因素之一。

參、閱讀題

閱讀一

34. **AE**

【解析】 (B) 文中提及氫離子無法通過水通道；

(C) 通道蛋白會調節水分子進出細胞；

(D) 應爲紅血球。

35. **ABC**

【解析】 (D) (E) 如文中所示，腦中風與 Na^+ 及 Ca^{2+} 有關，與 K^+
無關。

閱讀二（可見〈92〉補充資料）

36. **AE**

【解析】 $HzNy \Rightarrow z : 1 \sim 15$、$y : 1 \sim 9$，故可選 (A)(E)。

37. **CD**

【解析】 (B)、(E) 血液凝集素與病毒進入細胞有關，而神經胺酸⑩則與子病毒破細胞而出有關。

Influenza A viruses infect a variety of animals including human beings, pigs, horses, marine mammals, and birds. All currently known influenza A subtypes (haemagglutinins H1 to H15 and ncuraminidases N1 to N9) are found in birds, raising the possibility that subtypes other than those found in human beings (H1 to H3) may cross the species barrier and infect people. Although infections caused by most strains of influenza A virus usually produce no symptoms in aquatic birds, the H5 and H7 haemagglutinin subtypes have occasionally caused outbreaks of severe disease in terrestrial birds, particularly poultry. Influenza A H5N1 virus has caused serious disease in turkeys. (出處：Lancet 1998)

38. **BE**

【解析】 (A) 禽流感病毒對全球人類均有威脅；
(C) 人體免疫系統對 H5N1 會造成過度反應，是造成死亡之原因；
(D) 亦可用於人類。

閱讀三（可見於蓋統生物單元 12 及單元 13）

39. **BCE**

【解析】 (A) 腦垂腺後葉所釋之 ADH 及催產素亦會影響生殖行為；

　　　　　(D) 雌鼠的動情週期受到卵巢分泌之激素調節，而非
　　　　　　　腦垂腺。

40. **BC**

【解析】　卵巢分泌之激素調節動情週期為 (B) 動情素；(C) 黃體
　　　　　素，而 (A) 為影響雄鼠為睪丸分泌，(D) (E) 為腦垂腺
　　　　　後葉分泌。

41. **D**

【解析】　本題應以「研究科學方法」(見蓋統生物單元 1　P12)
　　　　　之步驟解題，題中敘述為「提出問題」，而 (A) (B) (C)
　　　　　均為「結論」，僅 (D) 為「推論」，故選 (D)。

肆、非選擇題

一、【解析】　(1) 30 日；(2) 30℃；(3) 20 日；(4) 不會發育為成蟲。

二、【解析】　(1) AUG；(2)TTACCCGAGTTCGAT；
　　　　　　(3) Ile、Glu、Leu、Gly；(4) 104 個。

三、【解析】　(1) D，幼葉捲曲 (拳狀)；(2) 孢子囊堆 (群)；
　　　　　　(3) 孢子體世代 (無性世代)，雙套 (2n)。

四、【解析】　(1) 甲＞乙＞丙；

　　　　　　(2) 甲＞乙＞丙；

　　　　　　(3) 氧分壓下降 (P_{O_2}↓)；

　　　　　　(4) 血紅素與一氧化碳的親和力大於與氧氣的親和力，
　　　　　　　　一氧化碳取代氧與血紅素結合，故紅血球所攜帶的
　　　　　　　　氧含量降低。

九十三學年度指定科目考試（生物）
大考中心公佈答案

題號	答案	題號	答案	題號	答案
1	C	21	CE	41	D
2	D	22	AC 或 C		
3	A	23	BDE		
4	C	24	AB		
5	C	25	ADE		
6	C	26	BCE		
7	A	27	ADE		
8	A	28	CD		
9	A	29	ABC		
10	D	30	ACDE		
11	B	31	ABD		
12	D	32	BDE		
13	C	33	CD		
14	B	34	AE		
15	A	35	ABC		
16	A	36	AE		
17	B	37	CD		
18	A	38	BE		
19	C	39	BCE		
20	C	40	BC		

九十三學年度指定科目考試
各科成績標準一覽表

科　　目	頂　標	前　標	均　標	後　標	底　標
國　　文	73	67	58	47	39
英　　文	58	44	27	15	9
數學甲	66	50	30	18	10
數學乙	65	50	32	19	12
化　　學	66	51	30	15	7
物　　理	75	59	35	19	12
生　　物	80	71	57	43	33
歷　　史	49	41	30	19	12
地　　理	60	52	42	30	21

※ 以上五項標準係依各該科全體到考考生成績計算，且均取整數（小數只捨不入），各標準計算方式如下：

頂標：成績位於第 88 百分位數之考生成績。

前標：成績位於第 75 百分位數之考生成績。

均標：成績位於第 50 百分位數之考生成績。

後標：成績位於第 25 百分位數之考生成績。

底標：成績位於第 12 百分位數之考生成績。

九十二年大學入學指定科目考試試題
生物考科

壹、單一選擇題（27%）

說明：第1至27題，每題選出一個最適當的選項，標示在答案卡之
　　　「選擇題答案區」。每題答對得1分，答錯倒扣1/3分，倒扣
　　　到本大題之實得分數為零為止。整題未作答者，不給分亦不
　　　扣分。

1. 台灣在全球氣候暖化後，下列何種生物所受的負面影響最大？
   (A) 水筆仔
   (B) 瓊麻
   (C) 櫻花鉤吻鮭
   (D) 鯉魚

圖一

2. 甲乙兩種動物的生存曲線如圖一所示，人類若想利用牠們又兼顧
   牠們的永續，則以何方式利用較適宜？
   (A) 利用甲的幼體，因為其存活力較低
   (B) 利用乙的幼體，因為其存活力較低
   (C) 利用甲的成體，因為其存活力較高
   (D) 利用乙的成體，因為其存活力較高

3. 已知全球的哺乳類目前約有4500種，圖二橫座標軸箭頭所指的
   位置是全世界陸地合併後的面積。何以現生哺乳類的種類數比
   期望值高出許多？
   (A) 地理隔離的效應
   (B) 人類的育種
   (C) 外來種的引入
   (D) 環境負荷量呈指數增加

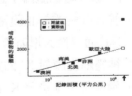
圖二

4. 下列哪種構造具有核酸，且該核酸無蛋白質基因產物？
   (A) 質體
   (B) 核糖體
   (C) 粒線體
   (D) 葉綠體

5. 下列左項的甲～丁為動物細胞各種構造的功能，右項 (1)-(5) 為其名稱。依甲～丁的順序，選出正確的配對。

功　　能	細 胞 構 造
甲、儲存和分解肝糖、運送葡萄糖	(1) 平滑內質網
乙、轉錄形成核糖體 RNA (rRNA)	(2) 粗糙內質網
丙、蛋白質的修飾和分類包裝	(3) 高基氏體
丁、細胞分裂時幫助染色體移動	(4) 中心粒
	(5) 核仁

   (A) (1)(4)(2)(5)
   (B) (1)(5)(3)(4)
   (C) (2)(5)(1)(4)
   (D) (3)(5)(2)(4)

6. 有一對夫婦血型皆為 AB 型，若將他們的小孩血液分別與抗體 A 和抗體 B 混合時，下列哪種情形不可能發生？
   (A) 和抗體 A 產生凝集，但與抗體 B 不產生凝集
   (B) 和抗體 A 不產生凝集，但和抗體 B 產生凝集
   (C) 和抗體 A 產生凝集，也和抗體 B 產生凝集
   (D) 和抗體 A 不產生凝集，與抗體 B 也不產生凝集

7. 下列有關神經細胞離子通透性和膜電位變化的敘述，哪一項正確？
   (A) 神經細胞的靜止膜電位為零
   (B) Na^+ 通透性大增時會造成去極化現象
   (C) 神經細胞膜對 K^+ 的通透並無限制
   (D) 過極化現象是因 K^+ 流入胞內所造成

8. 近期全球各地區爆發流行非典型肺炎-嚴重急性呼吸道症候群
　(SARS)，根據媒體報導判斷下列何者最可能是本症的病原體？
　(A) 肺炎球菌　　　　　　　(B) 禽流感病毒
　(C) 冠狀病毒　　　　　　　(D) 腸病毒

9. 根據目前公佈的消息，下列何者被認為最可能是 SARS 的傳染途
　徑與源起的帶原者？
　(A) 食物；野生動物　　　　(B) 血液；寵物
　(C) 飛沫；野生動物　　　　(D) 昆蟲為媒介；寵物

10、11 題為題組

　半乳糖血症為體染色體隱性疾病的
　一種，本症會導致半乳糖在肝臟堆
　積及心智遲滯。圖三為某半乳糖血
　症家族譜系圖。試依此資料回答
　10-11題。

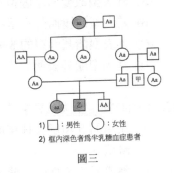

1) □：男性　○：女性
2) 框內深色者為半乳糖血症患者

圖三

10. 針對此種遺傳型態，下列哪一項敘述合理？
　(A) 異型合子具有正常的表現型
　(B) 大部分病童的雙親之一為患病者
　(C) 雙親中有一人患病，小孩一定會患病
　(D) 男性與女性患病的機率不同

11. 下列有關甲與乙的敘述，哪一項正確？
　(A) 甲為 Aa 的機率是 ½，為 AA 的機率是 ¼
　(B) 乙為 aa 的機率是 ½，為 Aa 的機率是 ½
　(C) 若甲為 Aa 且與患病者結婚，其子女患病率為 ¼
　(D) 乙與正常者 AA 結婚，其子女患病率為 ½

12、13 題爲題組

光滑型 (S 型) 肺炎球菌有莢膜且具致病性；而粗糙型 (R 型) 肺炎球菌則無莢膜且不具致病性。格里夫茲用熱殺死的 S 型肺炎球菌注入鼠體內，鼠仍存活未受影響；但當用熱殺死的 S 型肺炎球菌和活的 R 型肺炎球菌一起注入鼠體內，則鼠罹肺炎而死，且由鼠體所分離出的肺炎球菌爲 S 型。試根據格里夫茲的實驗及既有的生物學知識回答 12-13 題。

12. 下列有關 R 型肺炎球菌在實驗鼠中所產的子代之推論，何者正確？
    (A) 外表型改變而基因型不變
    (B) 基因型改變而外表型不變
    (C) 外表型隨基因型的改變而變
    (D) 基因型隨外表型的改變而變

13. 下列有關格里夫茲實驗的敘述，何者正確？
    (A) 所用的 S 型肺炎球菌因具莢膜使菌體外表光滑，所以稱爲光滑型
    (B) 熱殺死的 S 型肺炎球菌不會使鼠致病的結果，並不能証明本菌的致病力與莢膜無關
    (C) 結果証實 R 型肺炎球菌的遺傳物質可進入用熱殺死的 S 型菌體內使其復活
    (D) 結果証實使 R 型肺炎球菌轉形成 S 型肺炎球菌的物質是 DNA

14. 請利用圖四所示的 DNA 譜帶鑑定誰是兒童的父母？
    (A) 父親爲男子 1，母親爲女子 2
    (B) 父親爲男子 2，母親爲女子 1
    (C) 父親爲男子 3，母親爲女子 2
    (D) 父親爲男子 1，母親爲女子 1

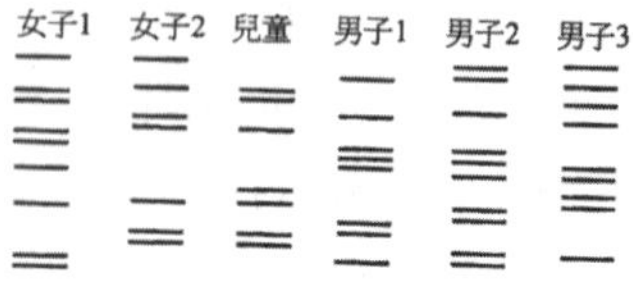

圖四

15. 聚合酶連鎖反應包括下列四個要項：

    (1) 加熱至 90°C 使兩股 DNA 分離以做為模板

    (2) 聚合酶將核酸苷依序加在引子上

    (3) DNA 由兩股變成四股

    (4) 冷卻至 60°C 使引子與模板 DNA 配對

    以上反應過程的正確順序為何？

    (A) (1)(2)(3)(4)　　　　　(B) (1)(3)(2)(4)

    (C) (1)(4)(2)(3)　　　　　(D) (2)(3)(1)(4)

16. 下列有關植物激素的敘述，何者正確？

    (A) 植物生長素可以促進離層的產生

    (B) 吉貝素 (GA) 可以促進種子合成澱粉酶

    (C) 乙烯對離層的產生沒有影響

    (D) 離層素 (ABA) 可以打破種子的休眠

17. 原本應開花的短日照植物，若在其黑暗期間用短暫紅光照射處理就不會開花，其原因何在？

    (A) 紅光的照射時間太短

    (B) 光敏素在照射紅光之後就失去活性

    (C) 光照之後會造成 Pr 形式的光敏素累積

    (D) Pfr形式的光敏素會抑制短日照植物開花

18. 下列何者不是達爾文天擇說的內容？

    (A) 生物的演化為長時間連續的變化

    (B) 同一類的生物都是來自於共同的祖先

    (C) DNA 是可以代代相傳的遺傳物質

    (D) 天擇是最重要的演化動力

19. 蕨類植物和被子植物之共同性為何？
    (A) 雙重受精
    (B) 具維管束
    (C) 能產生種子
    (D) 精子具鞭毛

20. 5'-ACATTGCAT-3' 轉錄後所得的序列為何？
    (A) 3'-ATGCAATGT-5'
    (B) 5'-TGTAACGTA-3'
    (C) 3'-ACAUUGCAU-5'
    (D) 5'-AUGCAAUGU-3'

<u>21、22、23 題為題組</u>

圖五為物體在人類視網膜上聚焦的簡示圖。水和角膜的折射率相近，因此在水中光線經過角膜時，並不會像在陸地時一樣先經過一次折射，依此資訊回答 21-23 題。

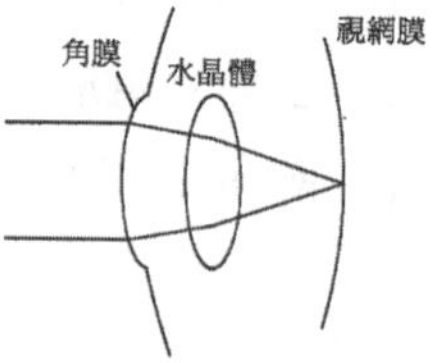

圖五

21. 一般人在水裡若未戴水鏡，則看東西時會覺得影像模糊的原因何在？
    (A) 瞳孔變得不夠大，光量不足
    (B) 瞳孔變得不夠大，解析度不足
    (C) 水晶體調整的幅度有限，影像的焦點落在視網膜之後
    (D) 水晶體調整的幅度有限，影像的焦點落在視網膜之前

22. 當我們在水裡未戴水鏡時，應如何調整才能在水裡看清物體？
    (A) 使瞳孔變得較大
    (B) 使瞳孔變得較小
    (C) 使水晶體變得較扁
    (D) 使水晶體變得較凸

23. 哪一種視覺障礙患者，有可能<u>不需</u>使用水鏡和眼鏡就可以看到清水裡的物體？
    (A) 近視
    (B) 弱視
    (C) 遠視
    (D) 散光

24、25、26 題為題組

將甲、乙、丙和丁四種細菌分別接種到 A、B、C 及 D 四種培養液中，經培養後分別測得它們繁殖一代所需的時間，結果如下表所示：

培養液（成分）	繁殖一代所需的時間（分鐘）			
	甲	乙	丙	丁
A.葡萄糖、NaCl、PO_4^{3-}、$MgSO_4$	43	100	--	--
B.葡萄糖、NaCl、PO_4^{3-}、$MgSO_4$、8 種胺基酸	28	40	--	--
C.葡萄糖、NaCl、PO_4^{3-}、$MgSO_4$、19 種胺基酸	25	25	80	--
D.NaCl、$MgSO_4$、NO_3^-	--	--	--	80

註：-- 表示細菌沒有生長

根據數據回答 24-26 題。

24. 在 A 培養基中，哪些細菌可以生長？何者增殖較快？
    (A) 甲和乙；甲　(B) 甲和乙；乙　(C) 甲和丙；甲　(D) 乙和丙；乙

25. 哪一種菌為自營性細菌？
    (A) 甲　　　　(B) 乙　　　　(C) 丙　　　　(D) 丁

26. 胺基酸為下列何者的生長限制條件？
    (A) 甲、乙　　(B) 乙　　　　(C) 丙　　　　(D) 丙、丁

27. 科學家在河口生態系發現新種草履蟲，觀察得知其伸縮泡在原生環境下每分鐘約收縮 30 次。這種草履蟲在淡水中也可以存活一段時間。試問本蟲在淡水時其伸縮泡每分鐘收縮次數為何？為什麼？
    (A) 大於 30 次，因為草履蟲處在更低張的液體內
    (B) 大於 30 次，因為草履蟲處在更高張的液體內
    (C) 小於 30 次，因為草履蟲處在更低張的液體內
    (D) 小於 30 次，因為草履蟲處在更高張的液體內

貳、多重選擇題（46％）

說明：第28至50題，每題各有五個選項，其中至少有一個正確的，
選出正確選項，標示在答案卡之「選擇題答案區」。每題各選項
獨立計分，完全答對得2分，每答對一個選項可得0.4分，每
答錯一個選項倒扣0.4分，倒扣到本大題之實得分數為零為止。
整題未作答者，不給分亦不扣分。

28. 下列何者在生態系內可被循環利用？
    (A) 碳　　　　　　(B) 氮　　　　　　(C) 磷
    (D) 熱能　　　　　(E) 光能

29. 下列哪些人和現今的人類<u>不屬於</u>同一物種？
    (A) 巧人　　　　　(B) 北京人　　　　(C) 爪哇人
    (D) 南方猿人　　　(E) 克洛馬農人

30. 下列有關人體消化的敘述，何者正確？
    (A) 醣類可在口腔、胃和腸內進行分解
    (B) 蛋白質可在胃和腸內進行分解
    (C) 脂肪只能在腸內進行分解
    (D) 胃液和小腸液都適合在酸性的環境作用
    (E) 膽囊割除者，無法消化吸收脂肪

31. 人的心跳速率突然提高時，隨之發生的有哪些現象？
    (A) 血壓上升
    (B) 血壓維持穩定
    (C) 腎小球的過濾作用增強
    (D) 腎小管的分泌作用增強
    (E) 延腦啟動調節功能

32. 下列為不同生態系的生物歧異度比較結果，何者正確？
    (A) 熱帶雨林＞河口沼澤　　(B) 落葉林＞熱帶雨林
    (C) 闊葉林＞高山草原　　(D) 珊瑚礁＞河口沼澤
    (E) 淺海區 (沿岸區)＞大 (遠) 洋區

33. 下列生態系與其環境特徵的組合，何者正確？
    (A) 沙漠—雨量稀少，溫度高且溫差小
    (B) 高山寒原—風力很強，水分蒸發快
    (C) 沙丘—風力很強，水分不足
    (D) 溪流—水中含氧量愈往下游愈高
    (E) 潮間帶—陽光充足，礦物質豐富

34. 研究人員在甲、乙兩個不同的生態系調查後，發現兩個生態系的
    生產者總能量相同，甲生態系只有初級和 2 級消費者，乙生態系
    則有初級、2 級、3 級和 4 級消費者。如果其他的因素都一樣，
    則下列何項敘述正確？
    (A) 甲、乙兩個生態系消費者的總能量都小於生產者的總能量
    (B) 甲生態系的消費者總能量小於生產者的總能量，但乙生態系
        則相反
    (C) 甲生態系的消費者總能量大於乙生態系的消費者總能量
    (D) 乙生態系的消費者總能量大於甲生態系的消費者總能量
    (E) 甲、乙兩個生態系的消費者總能量相等

35. RNA 具有下列哪些功能？
    (A) 具有酵素活性　　(B) 參與蛋白質的合成
    (C) 做為細胞膜表面的載體　　(D) 核糖體的組成之一
    (E) 做為一些病毒的遺傳物質

36. 下列何種運輸方式<u>不需要</u>能量？
    (A) 滲透
    (B) Na⁺–K⁺ 幫浦
    (C) 簡單擴散
    (D) 主動運輸
    (E) 便利性擴散

37. 在調節免疫反應時，輔助 T 細胞會利用其受體與下列哪些細胞直接接觸並產生作用？
    (A) 嗜中性白血球
    (B) 胞毒殺性 T 細胞
    (C) B 淋巴球
    (D) 巨噬細胞
    (E) 腫瘤細胞

38. 人類聲帶是突入喉頭內的黏膜褶，當空氣令其振動時能發出聲音，因此喉是人類的發聲器官。另一方面，鳥類也有發聲器官。各種鳥類都有它特有的啼唱鳴聲。通常鳥類是利用兼具空氣通道與發聲功能的兩側鳴管，分別產生不同的聲音，再彼此會合、交互影響，而有百囀千聲。這就可以解釋雖然鸚鵡沒有嘴唇，舌頭也不若人類靈活，卻能生動逼真地模仿人類說話。下列有關發聲的敘述，哪幾項正確？
    (A) 鳥兒的啼唱鳴聲和遺傳有關
    (B) 鸚鵡和人類"說話"的方法一樣
    (C) 人類聲帶和鳥類鳴管的構造一樣
    (D) 鳥類鳴管是呼吸器官也是發聲器官
    (E) 人類聲帶是呼吸器官也是發聲器官

39. 下列何者與植物氣孔的開閉調節有關？
    (A) 保衛細胞中的膨壓
    (B) 保衛細胞中的鐵離子濃度
    (C) 葉內的二氧化碳濃度
    (D) 離層素 (ABA) 的累積
    (E) 溫度的高低

40. 哈-溫 (Hardy-Weinberg) 定律說明在一個理想的族群中，各基因型的頻率是恆定不變的。下列何者爲滿足哈-溫定律的先決條件？
    (A) 族群的基因庫呈穩定狀態
    (B) 族群的個體數要少
    (C) 族群內爲隨機交配
    (D) 基因庫內沒有突變發生
    (E) 由族群移出的個體數需比移入者少

41. 下列有關眞菌的敘述，何者正確？
    (A) 全部爲多細胞生物　　　(B) 全部爲眞核細胞生物
    (C) 全部爲異營性生物　　　(D) 全部爲寄生性生物
    (E) 在生態系中多屬分解者

42. 下列何者屬於生態系中的生產者？
    (A) 酵母菌　　(B) 硝化細菌　　(C) 藍綠藻(菌)
    (D) 硫化細菌　(E) 冬蟲夏草

43、44 題爲題組

　　一般植物葉的橫切面構造如圖六所示：試依此圖回答 43-44 題。

43. 光合作用在圖中所標示的哪些部位進行？
    (A) 甲　　　　(B) 乙　　　　(C) 丙
    (D) 丁　　　　(E) 戊

44. 圖中所示的丙功能爲何？
    (A) 光合作用
    (B) 蒸散作用
    (C) 支持作用
    (D) 運輸(輸導)作用
    (E) 儲藏作用

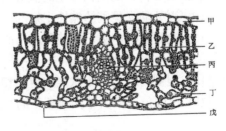

圖六

45. 下列哪幾項為紅樹林植物對河口環境的適應特徵？
    (A) 支持根的形成　　　　　(B) 胎苗富含單寧
    (C) 果實可靠鳥類傳播　　　(D) 葉片厚質化
    (E) 葉緣特殊的排水構造

46、47 題為題組

以桃莉羊為例，複製動物標準程序主要是：從卵提供者(黑面母羊)身上取得卵細胞並去除其細胞核，再從被複製者(白面母羊)身上取得體細胞(乳房細胞)，利用顯微注射及電擊法使卵細胞獲得體細胞核並分裂形成囊胚後，即可植入黑面代孕母羊體內。科學家利用此技術多次嘗試生產複製羊，結果只有一個囊胚成功發育成我們所熟悉的白面桃莉羊。根據此資料加上既有的生物學知識回答 46-47 問題。

46. 下列有關生產桃莉羊的敘述，哪些錯誤？
    (A) 黑面母羊的基因發生突變因而產下白面羊
    (B) 電擊使黑面及白面母羊的 DNA 融合
    (C) 黑面母羊卵的遺傳物質必須除去
    (D) 除了毛色外桃莉羊的遺傳特徵接近黑面母羊
    (E) 植入黑面代孕母羊體內的是胚胎而不是受精卵

47. 下列有關複製動物的敘述，哪些正確？
    (A) 現今科技能由已分化的體細胞生產出複製動物
    (B) 複製動物是屬於無性生殖的一種
    (C) 複製過程中不可能使擬產出的複製動物發生遺傳缺陷或發育
        異常
    (D) 複製動物的健康狀態及壽命和被複製者一樣
    (E) 白面母羊與公羊交配產下的小羊與桃莉羊的 DNA 有一半相同

48. 當胰臟細胞正在大量合成胰島素時，其胞內哪些構造明顯比不進
　　行合成時發達？
　　(A) 核糖體　　　　　　　　　(B) 高基氏體
　　(C) 粒線體　　　　　　　　　(D) 平滑內質網
　　(E) 粗糙內質網

49. 下列有關交感神經的特性或功能之敘述，哪些正確？
　　(A) 可隨意識運作　　　　　　(B) 抑制消化道運動
　　(C) 源自於胸脊髓和腰脊髓　　(D) 促進瞳孔擴張
　　(E) 以腎上腺素或正腎上腺素調節內臟活動

50. 解剖學和比較生物學提供了演化上同源器官的證據，下列何者屬
　　於此類證據？
　　(A) 人的手和鯨的前肢　　　　(B) 狗的眼睛和魚的眼睛
　　(C) 仙人掌的刺和玫瑰的刺　　(D) 蝙蝠的前肢和鳥的翅膀
　　(E) 鯨的鰭和吳郭魚的鰭

參、閱讀題（27％）

說明：第 51 至 59 題，選出正確選項，標示在答案卡之「選擇題答案
　　　　「選擇題答案區」。單選題每題答對得 3 分，答錯倒扣 1 分；多
　　　　選題每題各選項獨立計分，完全答對得 3 分，每答對 1 個選項
　　　　可得 0.6 分，每答錯 1 個選項倒扣 0.6 分。整題未作答者，不給
　　　　分亦不扣分。倒扣到本大題之實得分數為零為止。

閱讀一

　　　　杜鵑會選擇其它鳥類為寄主，以行其特殊的"巢穴寄生"行
為。亦即臨產卵前，杜鵑會乘寄主不在時，飛到寄主的築巢中產
下一粒卵，以令寄主代為孵育其子代。小杜鵑一旦孵出，甚至連
眼睛都未張開，就會用背部把牠所觸及的圓形物或代母所產的卵

拱出巢外，使小杜鵑能獨佔代母的照顧。不同品系的杜鵑所找的寄主並不一樣，此種現象稱之為寄主特異性。有趣的是杜鵑所產的卵各有其特色，而且常和寄主所產者雷同，以致於寄主無法分辨真偽而不致將之除去。科學家極想瞭解杜鵑的寄主特異性的遺傳方式，於是分析了不同品系杜鵑的 DNA。由於細胞中除了核內染色體 DNA 有基因外，細胞質中的粒線體 DNA 也有基因，而每隻杜鵑的粒線體都來自其母親，因此他們同時分析粒線體 DNA 和細胞核 DNA，結果發現不同品系杜鵑的核 DNA 並無有意義的差異，而粒線體 DNA 則在各個品系間有顯著的不同。

根據上文試回答下列問題：

51. 小杜鵑將代母的卵拱出巢外是屬於何種行為？（多選）
    (A) 本能行為　　　　　　(B) 學習行為
    (C) 固定行為模式　　　　(D) 印痕
    (E) 條件反射

52. 杜鵑所產的卵和其寄主所產者雷同，此現象的生物學意義為何？（多選）
    (A) 是領悟學習而來　　　(B) 是天擇的結果
    (C) 可遺傳的　　　　　　(D) 有特定基因在控制
    (E) 在演化上不具任何意義

53. 下列哪些敘述和本文的內容不符甚至有衝突？（多選）
    (A) 寄主特異性相關基因應在粒線體 DNA 上
    (B) 寄主特異性遺傳和母鳥及公鳥都有關
    (C) 寄主特異性的遺傳方式符合孟德爾遺傳定律
    (D) 寄主特異性的遺傳只與母鳥有關
    (E) 基因在粒線體 DNA 上的遺傳方式和在核 DNA 上者一樣

閱讀二

　　杭丁頓氏症（Huntington's disease; HD）是一種顯性遺傳疾病，起因於正常的杭丁頓基因發生突變。帶有一對突變基因者一出生便會死亡，因此患者都是異合子型，且通常在 30～40 幾歲的盛年發病，並於發病後 15～20 年去世。

　　HD 的症狀是由位於腦部紋狀體的神經元退化所造成。正常情況下，該處的神經元對掌管身體動作的大腦運動皮質所發出的興奮性訊號，具有抑制的作用，如果這些細胞死亡，運動皮質就會變得過度興奮，使患者產生不由自主的動作。正常人的杭丁頓基因中含有由 CAG 連續重複出現的一段核苷酸序列，重複次數在 9～35 次之間；HD 患者的杭丁頓基因中的 CAG 重複次數會增加，通常為 40～60 次，某些案例甚至達 250 次之多。

　　CAG 這個遺傳密碼相對應的胺基酸是「麩醯胺酸」。正常的杭丁頓蛋白質對大腦的神經元有保護作用。至於突變的杭丁頓蛋白質，因具有一段過長的「多麩醯胺酸」區段，結果造成神經細胞的死亡，進而引起疾病。目前科學家提出兩種疾病假說，分別是「喪失功能假說」及「獲得功能假說」。喪失功能假說認為過長的多麩醯胺酸區段可能會讓杭丁頓蛋白質失去保護功能；獲得功能假說則認為突變後的杭丁頓蛋白質具有黏性，易與正常的杭丁頓蛋白質或其他蛋白質形成對腦細胞有毒性的聚合物。

根據上文試回答下列問題：

54. 帶有突變基因的人是否一定會發病？且此人將突變基因遺傳給子女的機率為多少？（單選）
　　(A) 一定會；100%　　　　(B) 一定會；50%
　　(C) 不一定會；25%　　　　(D) 不一定會；50%

55. 某人的體內杭丁頓蛋白質之「多麩醯胺酸」區段中包含有 120 個麩醯胺酸。試問此人的杭丁頓基因中 CAG 重複次數爲多少？是否會發病？（單選）

(A) 30；不會　　　　　　　(B) 40；會

(C) 120；會　　　　　　　(D) 360；會

56. 下列有關杭丁頓蛋白質的敘述，哪些正確？（多選）

(A) 本蛋白質是抑制運動皮質發出興奮性訊號的神經傳遞物質

(B) HD 患者體內同時具本蛋白質的正常型和突變型

(C) 本蛋白質和腦部紋狀體的神經細胞之功能有關

(D) 基因突變導致本蛋白質出現多麩醯胺酸區段

(E) 兩種疾病假說都與多麩醯胺酸區段的過長有關

閱讀三

　　動物學家原先認爲爬蟲類和哺乳類的胎生並不相同，因爲哺乳類有胎盤使胚胎和母體相連並獲得養分，而爬蟲類的胚胎則無特殊構造和母體相連，胚胎所需的養份全來自卵黃，因此爬蟲類的胎生被稱之爲卵胎生以別於哺乳類的胎生。但後來動物學家發現卵胎生到胎生其實是個連續演變的過程。最初的變化只是延長受精卵留在母體內的時間；接著演變到胚胎利用卵黃發育至要孵化時才離開母體；之後有些種類的卵黃變少以致於胚胎需由母體獲得養分才能發育成幼體；後來甚至有些種類還演化出類似胎盤的構造。另，若將特定電解質注入某些沒有明顯養分供給構造的母體，很快地就能在胚胎測到此物質，顯示母體能將養份傳給胚胎。

　　爬蟲類學家於是在 1970 年將爬蟲類的生殖方式分成胎生和卵生兩種，而不再使用卵胎生這一名稱。目前在爬蟲類卵生的定義是指卵被產出後一至數月幼體才孵化者；而胎生則是指胚胎在母體發育完後才被產出者。在剛出生時有些幼體會包覆在薄膜內數天後才出來；有些則在母體內或一離母體即破膜而出並立即能獨立行動及攝食。

　　現生爬蟲類有四個目，其中唯獨有鱗目才有胎生的種類。有鱗目約有 7150 餘種，其中約有 1/5 為胎生。胎生可以減少胚胎被捕食和真菌感染的機會；也讓胚胎在水分和溫度恆定性高的環境中成長。不過若無特殊防衛力，懷孕母體被天敵捕殺的機會也大幅提升了。胎生顯然是較晚才演化出的生殖方式，當外界環境非常不利於胚胎發育時，胎生較會因天擇而被保留下來。水生種類或禦敵能力較強或生殖個數少的種類，也較可能演化出胎生的生殖方式。

根據上文試回答下列問題：

57. 科學家調查了 200 種無毒的蛇類後，發現胎生的比率是 28%，依此結果推測陸棲毒蛇和海蛇為胎生的比率應如何？（單選）
    (A) 兩者都大於 28%
    (B) 兩者都小於 28%
    (C) 陸棲毒蛇＞28%，海蛇＜28%
    (D) 陸棲毒蛇＜28%，海蛇＞28%

58. 下列有關爬蟲類生殖的敘述，哪些正確？（多選）
    (A) 沒有胎盤的構造，母體的養分便無法傳給胚胎
    (B) 卵生演變成胎生的過程中，受精卵留在母體的時間逐漸縮短
    (C) 卵生演變成胎生的過程中，受精卵的卵黃量有減少的趨勢
    (D) 幼體一出母體立刻就能獨立生活者才算是胎生
    (E) 以前歸在卵胎生的爬蟲類現在應歸在胎生類

59. 根據卵生和胎生的優缺點加以推論，哪些情況可促進胎生的演化？（多選）
    (A) 禦敵能力弱的物種　　　(B) 子代的數量較多的物種
    (C) 寒冷的生活環境　　　　(D) 溫暖穩定的生活環境
    (E) 雨量和溫度變化快速且難以預期的環境

九十二年度指定科目考試生物科試題詳解

壹、單一選擇題

1. **C**

   【解析】∵櫻花鉤吻鮭適應溫度較低的環境（約低於 20℃左右）

   ∴全球氣候暖化→造成極大負面影響

2. **B**

   【解析】(A) 甲的幼體存活率較高，過某階段死亡率才提高

   (B) ∵乙幼體的存活率小，且成體存活率較高

   ∴利用他們對此族群影響較不大

   (C) 甲成體過某階段後存活率會降低∴較不適合

   (D) 乙成體之存活力較高∴利用他們亦可達永續利用之

   效（但大考中心之標準答案為 B）

3. **A**

   【解析】由題意知，座標軸的期望值，乃是由全世界陸地合併面

   積來看，但實際上∵地理隔離→累積更多變異→會產生

   許多新種∴現生哺乳類的種類數會大於期望值

4. **B**

   【解析】核糖體由 RNA 和蛋白質組成，其 RNA(rRNA)主要協助

   進行轉譯，並不會有基因表現，而 (2) 其他項由 DNA 組

   成，可表現基因產物

5. **B**

【解析】 (1) 平滑內質網：在肝細胞中，可製造酵素以促進肝糖，藥物及有毒物質的分解，故與 (甲) 配

(3) 高基氏體：其上酵素可將來自內質網的脂質與蛋白質加以修飾及分類，故與 (丙) 配

(4) 中心粒：細胞分裂時，中心粒會複製，並向細胞兩極移動，形成紡錘體，以幫助染色體移動，故與 (丁) 配

(5) 核仁：核仁的 DNA 負責轉錄產生 rRNA，故與 (乙) 配

6. **D**

【解析】

	I^A	I^B
I^A	$I^A I^A$	$I^A I^B$
I^B	$I^A I^B$	$I^B I^B$

故此對夫婦的小孩可能是 A 型、B 型或 AB 型的血型 ∴ 與抗體 A 及抗體 B 皆不產生凝集

7. **B**

【解析】 (A) 一般動物神經細胞的靜止膜細胞約-50~-100mv

(C) 神經細胞膜對 K^+ 的通透是有限制性的

(D) 過極化：是因細胞膜上對 K^+ 的通道閘門無法在回復至靜止膜電位時關閉→造成 K^+ 持續流入到細胞膜外

8. **C**

【解析】　各國的研究單位透過不同的
實驗分析，結果都指向變種
的冠狀病毒（Coronavirus），
而荷蘭 Erasmus 大學的研究
人員更將純化的冠狀病毒注
入彌猴體內，幾天後彌猴出

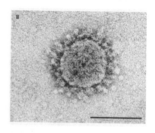

現類似 SARS 發高燒的現象，肺部亦出現損害
的情形，這與 SARS 的臨床症狀相符，並且發現在罹
病的猴子體內可將冠狀病毒再次純化出來。此外，為
了瞭解另一個也曾被懷疑為致病原的人類間質肺病毒
（metapneumovirus）是否有影響，研究人員將此病毒
打入彌猴體內，發現猴子只有輕微的感冒現象，而將
此病毒混入冠狀病毒打入彌猴體內，發現其結果與單
純打入冠狀病毒的沒有差別。於是藉由此一連串的動
物實驗確定 SARS 的病原體為冠狀病毒。

9. **C**

【解析】　冠狀病毒可分成許多種，其中一種是人類的冠狀病毒，
但是正常的人類冠狀病毒不會有 SARS 如此嚴重的症
狀及如此高的傳染力，科學家分析 SARS 病毒的遺傳
密碼，發現其是比較接近老鼠/牛的冠狀病毒，但經過
變種後，才可感染到人的身上。
SARS 病毒隨著口沫飛出人體外後，其存活時間與外界
溫度和濕度有很大的關連，通常來說大約是 2～24 小
時之間。如果外界溫度高且濕度大，則病毒就會比較
快死亡；但如果溫度低及濕度低則就會活得久。另外，
根據華盛頓郵報 5 月 4 日報導，SARS 病毒可在人體排
泄物中存活長達四天，此一發現可以解釋病毒為何可
以在香港淘大社區造成感染。

10. **A**

【解析】 ∵半乳糖血病為體染色體隱性疾病

∴只有 aa 者會發病

11. **A**

【解析】 (A) 甲的雙親為 Aa×Aa

∴甲為 Aa 機率是 1/2，

AA 機率 1/4

	A	a
A	AA	Aa
a	Aa	aa

(B) 乙的雙親為 Aa×Aa

∴aa 的機率 1/4，Aa 機率 1/2

(C) 甲(Aa)×患病者(aa)

則子女患病機率(aa)為 1/2

(D) 乙(aa)×正常人(AA)

則子女患病機率為 0

12. **C**

【解析】 基因型改變→外表型改變

外表型改變→基因型不一定改變

13. **B**

【解析】 (A) 光滑型（S 型）與粗糙型（R 型），其定義乃在菌落

的光滑與否，而與菌體無關

(C) 死的 S 型肺炎球面之 DNA 片段進入活 R 型菌體內

→ 使活 R 型菌發生基因重組

→ 產生 S 型菌的後代

(D) 本實驗並不能証明其遺傳物質為 DNA

14. **C**

【解析】根據圖四，發現兒童與女子 2 及男子 3 的 DNA 譜帶有重疊

∴可知其父母為此二人

15. **C**

【解析】PCR 過程：

① DNA 雙股分離：將 DNA 加熱至 90～95℃之高溫，使樣品中的雙股 DNA 分子彼此分開

② 接合引子：將溫度降至 50～60℃左右，在 DNA 分開的各股加上一段適當的引子

③ 複製 DNA：將溫度升至 72℃存右，使 DNA 聚合**酶**開始反應，完成一階段的 DNA 合成工作，使 DNA 的量加倍

16. **B**

【解析】(A) 植物激素→抑制離層產生

(B) 胚 ─合成→ 吉貝素 ─刺激→ 胚乳外圍的糊粉層 ─產生→ 水解酵素（如：澱粉酶）─水解→ 蛋白質、澱粉 ──→ 供胚用

(C) 乙烯可促使離層形成

(D) ABA 促使種子保持休眠狀態

17. **D**

【解析】∴本題在黑暗期間用短暫紅光處理

使 P.r→P.fr 抑制短日照開光

18. **C**

【解析】　天擇說並不能証明 DNA 為遺傳物質

19. **B**

【解析】　(A) 雙重受精僅見於被子植物

(B) ∵蕨類與種子植物皆屬於維管束植物

(C) 蕨類植物沒有種子

(D) 植物精子不具鞭毛

20. **D**

【解析】　　DNA：5'-ACATTGCAT-3'

↓ 轉錄

mRNA：3'-UGUAACGUA-5'

（5'-AUGCAAUGU-3'）

21. **C**

【解析】　原理：

① 當光線由空氣進入角膜時，因為是不同介質

∴光線要折射一次

② 又當光線由角膜進入水晶體，因不同介質

∴ 光線再折射一次

∴ 光→角膜→水晶體 ⇨折射 2 次

∴ 一般正常人可使像落在視網膜上

由題意知：　∵ 水和角膜折射率相似

∴ 當光線由水進入角膜時不會折射

∴ 光→角膜→水晶體 ⇨折射 1 次

∴ 正常人影像會落在視網膜之後，故為(C)

22. **D**

【解析】承上題

∵像落在視網膜後方，就如同遠視一般，而遠視是因晶體曲率過小所引起

∴為了增加晶體曲率→水晶體變凸，才能使像落在視網膜上

23. **A**

【解析】由題意知，當人在水中時只折射一次

∴像在視網膜後方，但近視者因晶體曲率大(較凸)

∴像恰好落在視網膜上

24. **A**

【解析】∵依表內看，在 A 培養基中只有甲、乙二菌可繁殖

且 A 繁殖一代所需時間較短→速度較快

25. **D**

【解析】∵丁菌不需任何外加養分，卻可生長

∴為自營性細菌

26. **C**

【解析】∵丙菌種在 C 培養液（富含胺基酸）中才能繁殖

∴判斷胺基酸是它的生長限制條件

27. **A**

【解析】∵河口鹽分>淡水

∴當草履蟲由河口→淡水時，視為由高張溶液→低張溶液

⇨則此時體內水分增加

∴伸縮泡收縮次數增加

貳、多重選擇題

28. **ABC**
　　【解析】 ∵ 在生態系中物質可以循環，但能量只能流轉，不能
　　　　　　　循環

29. **ABCD**
　　【解析】 ∵ (A)(B)(C) 與現代人同屬
　　　　　　(D) 與現代人同科

30. **BC**
　　【解析】 (A) 醣類不能在胃分解
　　　　　　(D) 小腸液為鹼性
　　　　　　(E) 膽囊割除只是不能儲存膽汁
　　　　　　　　∴對於脂肪分解功能只是下降，而非失去功能

31. **ACE**
　　【解析】

　　　　　由以上過程可知，此題答案為 (A)(C)(E)

32. **ACDE**
　　【解析】 (B) 落葉林的生物歧異度<熱帶雨林

33. **BCE**
　　【解析】 (A) 沙漠 ⇨雨量稀少、溫度高且溫差大
　　　　　　(D) 溪流 ⇨越往下游，水中含氧量越低

34. **AC**

【解析】∵ 能量流轉過程中，能量會散失

∴ ① 在生態系中，總能量雖保持不變，但在能量轉
移過程中，傳遞消費層級越高，則散失能量越多

② 消費者的總能量<生產者

③ 例：$\begin{cases} 甲生態系：草 \to 牛 \to 人 \\ 乙生態系：草 \to 牛 \to 獅子 \to 人 \to 禿鷹 \end{cases}$

可知乙生態系雖消費層級高，但期間能量一直
散失

∴ 乙生態系得到的總能量較少

35. **ABDE**

【解析】(A) 有些 RNA 具酵素催化功能(稱 Ribozyme)，如 rRNA
可催化合成蛋白質

(B)

$$DNA \xrightarrow{\text{轉錄}} mRNA \xrightarrow[\text{rRNA/tRNA}]{\text{轉譯}} 蛋白質$$

(D) rRNA 為核糖體的主要成份

(E) 如 RNA 病毒利用 RNA 做其遺傳物質

36. **ACE**

【解析】被動運輸不需耗能

37. **CD**

【解析】(A)(B) 並不會與輔助 T 細胞作用

(E) 腫瘤細胞受體是與殺手 T 細胞結合作用

故本題選 (C)(D)

38. **AD**

　【解析】　人類與鳥類的發器官構造不同，所以方法不一樣，但
　　　　　　我們認為該兩者發聲器官構造不同已於 (C) 選項說明
　　　　　　了，故本選項所謂說話的"方法"不同此處應該是指方
　　　　　　式原理而言，故人類與鳥類之發聲器官雖然構造不同
　　　　　　但原理皆是利用共振的方式故方法應是相同因此題 (B)
　　　　　　選項應選。

39. **ACDE**

　【解析】　植物氣孔開閉因素：
　　　　　　① 光、② CO_2 濃度、③ ABA 堆積、④溫度、
　　　　　　⑤蒸散作用
　　　　　　PS. 蒸散作用之流程

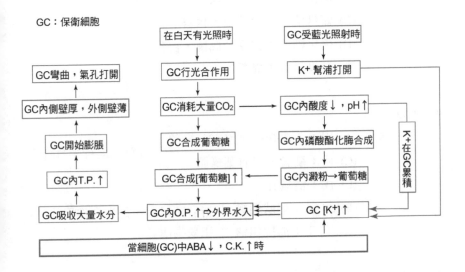

40. **ACD**

【解析】 哈溫定律適用於一個行有性生殖且無演化的族群

∴需符合以下條件：

①族群非常大、②和其他族群隔離、③無突變、

④隨機交配、⑤無天擇

41. **BCE**

【解析】 (A) 真菌多為多細胞，但酵母菌為單細菌

(D) 真菌有寄生及腐生性生物，皆多異營

42. **BCD**

【解析】 生產者需為自營性生物

(A) 酵母菌：異營

(B) 硝化細菌：化學合成菌，自營

(C) 藍綠菌：光合細菌，自營

(D) 硫化細菌：化學合成菌，自營

(E) 冬蟲夏草：異營

43. **BD**

【解析】 (A) 甲：表皮細胞，沒有葉綠體 ⎱
(C) 丙：篩管，沒有葉綠體 ⎰ ∴無法進行光合作用

(E) 戊：為氣孔

(B)(D) 乙：柵狀組織 ⎱ 皆有葉綠體，是光合作用的
丁：海綿組織 ⎰ 主要場所

44. **CD**

【解析】 篩管的功能⇨支持、運輸

45. **A B D**

【解析】紅樹林植物的適應特徵

　① 樹皮含單寧酸，不易腐爛

　② 具特殊排鹽構造，如葉緣

　③ 根部植造：支持根、呼吸根、屈膝根

　④ 為胎生植物

46. **A B D**

【解析】(A)(D) ∵ 由白羊提供細胞核

　　∴ 桃莉羊的性狀表現與白面母羊相同

　(B) 電擊主要是使細胞核進入核內

　(C) 本實驗將黑面羊卵的遺傳物類去除，以提供細胞質

47. **A B E**

【解析】(A) 桃莉羊一舉成名，主要是因它是第一個成功利用體

　　細胞產生複製動物

　(C)(D) 複製過程中可能使胚胎造成傷害

48. **A B C E**

【解析】若為此答案應針對分泌細胞與非分細胞之不同而言，

　　因為分細胞以上四項之構造明顯比非分泌細胞發達，

　　但本題之題幹乃只針對胰臟細胞（分泌細胞）而言而

　　對於分泌細胞其本身的高基氏體、粒線體、粗糙質網

　　在原本分泌細胞中就是比較發達絕不會因為要行分泌

　　時才會變得更發達，只有核糖體在要進行分時才會明

　　顯大量製造，故本題若單選 (A) 或 (A)(B)(C)(E)

49. BCDE

【解析】 (A) 交感神經與副交感神經會拮抗 ∴不能隨意運作

(E)

腎上腺髓質　$\xrightarrow[(正常)]{分泌}$　腎上腺素　$\xrightarrow{儲存}$　腎上腺髓質　⟶　血 液　⟶　目標細胞
　　　　　　　　　　正腎上腺素

緊張、緊急　⟶　交感神經

50. ABD

【解析】 ∵ 同源器官其發生來源及胚胎發生相似，且基本構造相同

∴ 趨異之結果，可做為分類依據

故本是選項內之生物必須屬同類生物

如：(A) 人、鯨⇨哺乳類、(B) 狗、魚⇨脊椎動物、

　　(D) 蝙蝠、鳥⇨脊椎動物

參、閱讀題

51. AC

【解析】 ∵ 此行為屬固定行為∴是與生俱來，不需學習

52. BCD

【解析】 (A) 此行為是與生俱來，不需學習

(E) 在演化上當然有意義!

53. BCE

【解析】 (B) 因與粒線體 DNA 有關 ∴只與母鳥有關連

(C) 此不符合孟德爾

(E) 粒線體 DNA 的遺傳方式與核不同

54. **B**

【解析】 ① ∵此為顯性遺傳疾病

∴只要帶此基因就會

發病(AA/Aa)

② 其子女最低機率

∴至少有 50%得病率

	A	a
A	AA	Aa
a	Aa	aa

55. **C**

【解析】 ① ∵表現 120 個胺基酸，表示有 120 個 CAG 序列

② ∵此人 CAG 重複次數高於正常人

∴會發病

56. **BCE**

【解析】 (A) 依本文，此蛋白質是影響掌管大腦運動皮質的神經

元所引起

(D) 正常人與發病者皆有此區段

57. **A**

【解析】 依文中敘述，水生種類防禦力強或生殖個數少的種類

較易有胎生情形

58. **CE**

【解析】 (A) 依本文實驗知，沒有胎盤，母體亦能將養分傳給胚胎

(B) 卵生→胎生過程中，受精卵停留在母體內時間增加

(D) 非所有胎生一出母體可獨立生活

59. **CE**

【解析】 依本文敘述，環境越惡劣，禦敵能力較強者易往胎生

方向演化

九十二學年度指定科目考試（生物）

大考中心公佈答案

題號	答案	題號	答案	題號	答案
1	C	21	C	41	BCE
2	B	22	D	42	BCD
3	A	23	A	43	BD
4	B	24	A	44	CD
5	B	25	D	45	ABD
6	D	26	C	46	ABD
7	B	27	A	47	ABE
8	C	28	ABC	48	ABCE
9	C	29	ABCD	49	BCDE
10	A	30	BC	50	ABD
11	A	31	ACE	51	AC
12	C	32	ACDE	52	BCD
13	B	33	BCE	53	BCE
14	C	34	AC	54	B
15	C	35	ABDE	55	C
16	B	36	ACE	56	BCE
17	D	37	CD	57	A
18	C	38	AD	58	CE
19	B	39	ACDE	59	CE
20	D	40	ACD		

九十二學年度指定科目考試
各科成績標準一覽表

科　　目	高　標	均　標	低　標
國　　文	63	50	38
英　　文	60	39	18
數　學　甲	60	43	25
數　學　乙	52	34	17
化　　學	48	32	16
物　　理	50	31	12
生　　物	63	46	29
歷　　史	51	36	22
地　　理	73	57	41

※ 以上三項標準係依各該科全體到考考生成績計算，且均取整數〔小數只捨不入〕，各標準計算方式如下：

高標：該科前百分之五十考生成績之平均。

均標：該科全體考生成績之平均。

低標：該科後百分之五十考生成績之平均。

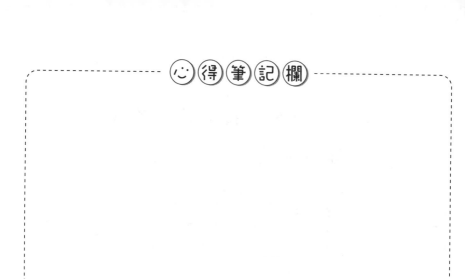

九十一年大學入學指定科目考試試題
生物考科

壹、單一選擇題（20％）

說明：第 1 至 20 題，每題選出一個最適當的選項，標示在答案卡之
　　　「選擇題答案區」。每題答對得 1 分，答錯倒扣 1/3 分。未答
　　　者，不給分亦不扣分。

1. 依照 mRNA 的序列合成蛋白質的過程稱為什麼？
　 (A) 轉錄　　　　　(B) 轉譯　　　　(C) 同化　　　　(D) 異化

2. 若生物體之新陳代謝正常，則其體內進行生化反應之微環境因子，
　 如溫度及離子濃度等，必保持在一定的範圍內。這種微環境之穩定
　 狀態稱為什麼？
　 (A) 生態平衡性　(B) 環境容忍性　(C) 生化特異性　(D) 生理恆定性

3. 下列何種激素在哺乳動物排卵前與排卵後都會增多？
　 (A) 黃體素　　　(B) 動情素　　　(C) 黃體生成素　(D) 濾泡刺激素

4. 下列何者會決定演化的方向？
　 (A) 基因突變　　(B) 基因漂變　　(C) 天擇　　　　(D) 染色體組合

5. 右圖為四個群集（M，N，O，
　 P）之物種出現頻率圖，橫軸
　 為物種序號，縱軸為群集內
　 物種百分率，試問下列哪一
　 群集的物種歧異度最大？
　 (A) M　　　　　　(B) N
　 (C) O　　　　　　(D) P

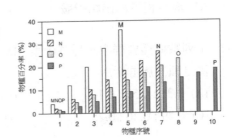

6. 下列化學分子式，何者爲蛋白質？
   (A) $C_5H_{10}O_5$
   (B) $C_{10}H_{16}O_{13}N_5P_3$
   (C) $C_{18}H_{36}O_2$
   (D) $C_{500}H_{1400}O_{120}N_{75}S_2$

7. 演化上，下列哪兩物種間最相近？
   (A) 斑文鳥和文昌魚
   (B) 文昌魚和文蛤
   (C) 文蛤和斑文鳥
   (D) 上述兩兩物種等距

8. 下列有關補體的敘述，何者錯誤？
   (A) 補體是一種蛋白質
   (B) 補體可以溶解細菌的細胞膜
   (C) 干擾素也是補體的一種
   (D) 補體會參與專一性和非專一性防禦作用

9. 下列爲動、植物體從外界或周圍環境吸收物質之方式，何者錯誤？
   (A) O_2 – 促進（便利）性擴散
   (B) CO_2 – 簡易擴散
   (C) 白血球 – 吞噬作用
   (D) 小腸絨毛 – 胞飲作用

10. 局部發炎時，血管通透性增大，這種反應的機制爲何？
    (A) 局部紅血球增多
    (B) 發炎區局部微血管破裂
    (C) 發炎組織釋出組織胺
    (D) 漿細胞增多產生抗體

11. 下列數據爲族群中三種基因型 MM：MN：NN 出現的比例，何者滿足理想族群？
    (A) 0.25：0.59：0.16
    (B) 0.36：0.48：0.16
    (C) 0.49：0.26：0.25
    (D) 0.64：0.11：0.25

12. 下列何種條件致使某植物<u>不易</u>促成自然雜交（cross-fertilization）？
    (A) 雄蕊比雌蕊早成熟
    (B) 雄花和雌花分別長在不同的植株上
    (C) 雄蕊和柱頭長在不同的花朵上
    (D) 雄蕊和雌蕊在遺傳上是自花授粉的

13. 下列有關植物養分運輸和吸收的敘述，哪一項是正確的？
    (A) 內皮層上的卡氏帶有選擇通透的作用，水和無機鹽類容易進入中柱
    (B) 泌液現象是由蒸散作用導引產生的
    (C) 植物的根常有真菌類共生，其菌絲體可幫助根吸收水分和無機鹽類
    (D) 根毛長在成熟部之前，接近根冠和生長點的部位，以及時吸取土壤中的水分和無機鹽類

14. 下列有關細胞構造或功能的敘述，何者錯誤？
    (A) 粒線體在新陳代謝率高的細胞中數量較多
    (B) 溶酶體源於粒線體，其與老化胞器的回收無關
    (C) 葉綠體是雙層膜的胞器，由囊狀膜和基質組成
    (D) 核醣體沒有膜的構造，是合成蛋白質的地方

15. 將菠菜濾液點在濾紙上，於石油醚、丙酮和水的混合溶液中展開，分離出葉綠素 a、葉綠素 b、葉黃素和胡蘿蔔素。下列為依四者所行距離大小排序，何者正確？
    (A) 葉綠素 a＞葉綠素 b＞葉黃素＞胡蘿蔔素
    (B) 葉綠素 b＞葉綠素 a＞葉黃素＞胡蘿蔔素
    (C) 胡蘿蔔素＞葉綠素 a＞葉綠素 b＞葉黃素
    (D) 葉黃素＞葉綠素 a＞葉綠素 b＞胡蘿蔔素

16. 下列關於 DNA 生物科技的敘述，何者正確？
    (A) 限制酵素可切開 DNA，是遺傳工程中重要的工具之一
    (B) 遺傳工程靠重組 DNA，其過程與蛋白質之結構原理無關
    (C) 桃麗羊的複製過程不經過受精，其 DNA 含量是合子的一半
    (D) 載體不是 DNA 分子，而是一種會攜帶 DNA 的蛋白質分子

17. 下列植物（上排）依照順序，主要生長於何種生態系（下排）中？

冷杉	楓樹	箭竹	榕樹	馬鞍藤
(1) 雨林	(2) 針葉林	(3) 高山草原	(4) 溫帶落葉林	(5) 砂丘

    (A) (2) , (4) , (3) , (1) , (5)　　　　(B) (4) , (2) , (1) , (5) , (3)
    (C) (2) , (3) , (4) , (1) , (5)　　　　(D) (4) , (3) , (1) , (2) , (5)

18. 下列有關人對環境影響的敘述，何者正確？
    (A) 優養化的結果造成溶氧量的上升
    (B) 戴奧辛目前可用遺傳工程的方法清除
    (C) 引起溫室效應最重要的氣體是臭氧
    (D) 生物放大效應和食物網的結構有關

19. 下列關於減數分裂的過程，何者正確？
    (A) 第一次分裂，染色分體分離
    (B) 第二次分裂後，產生二個子細胞，各含 n 個染色體
    (C) 第一次分裂後，產生四個子細胞，各含 2n 個染色體
    (D) 第一次分裂中期，來自父方和來自母方的染色體複製並配對

20. 下列哪一構造會產生 ATP？
    (A) 菌類的細胞壁　　　　　　　(B) 藻類的核糖體
    (C) 細菌的細胞膜　　　　　　　(D) 病毒的外殼

貳、多重選擇題（30％）

說明：第 21 至 35 題，每題各有五個選項，其中至少有一個正確的，
選出正確選項，標示在答案卡之「選擇題答案區」。每題各選
項獨立計分，完全答對得 2 分，每答對一個選項可得 0.4 分，
每答錯一個選項倒扣 0.4 分。未答者，不給分亦不扣分。

21. 胰臟能分泌下列哪些物質？
　　(A) 胃泌素　　　　　(B) 胰泌素　　　　(C) 胰島素
　　(D) 胰糜泌素　　　　(E) 胰澱粉酶

22. 下列哪些器官或組織具有內分泌的功能？
　　(A) 下視丘　　　　　(B) 腦下腺　　　　(C) 脾
　　(D) 腎　　　　　　　(E) 肝

23. 鐮形血球性貧血為隱性對偶（等位）基因之同型合子（aa）所造
成。右為 IJ 家庭成員之系譜圖，實心符號表示貧血病患者。下列
敘述哪些正確？
　　(A) K 員必為 Aa
　　(B) M 員必為 AA
　　(C) N 員不一定為 AA
　　(D) P 員必為 Aa
　　(E) R 員必為 Aa

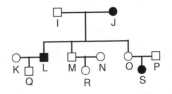

24. 下列依生物體特徵而歸類的敘述，哪些正確？
　　(A) 真細菌歸入真核細胞生物
　　(B) 眼蟲歸入昆蟲
　　(C) 沼氣菌歸入古細菌
　　(D) 藍綠藻歸入真細菌
　　(E) 酵母菌歸入真細菌

25. 下列哪些因素與血壓升高有密切關係？
    (A) 血管彈性降低　　　　　　(B) 血管直徑增加
    (C) 心跳速率降低　　　　　　(D) 血液體積增多
    (E) 自主神經興奮增強

26. 下列哪些感覺細胞可接受機械性的刺激？
    (A) 視覺感光細胞　　　　　　(B) 聽覺的毛細胞
    (C) 味覺細胞　　　　　　　　(D) 皮下的觸覺細胞
    (E) 半規管的平衡覺細胞

27. 下列有關生物圈中氮循環的敘述，哪些正確？
    (A) 陸地上動物體的氮大多來自植物體的蛋白質
    (B) 硝酸鹽經脫氮作用將氮送回大氣
    (C) 氨溶於水可為植物體利用
    (D) 大氣中的氮經固氮作用形成亞硝酸鹽
    (E) 動物屍體經細菌及黴菌分解為硝酸鹽稱為氨化作用

28. 下列有關族群大小的配對，哪些正確？
    (A) 資源充足：S 型成長曲線　　(B) 食物：密度相依因子
    (C) 開發中國家人口：平衡型年齡結構
    (D) 死亡率下降：人口增加
    (E) 聖嬰指數升高：族群大小波動

29. 酵素反應可以用鎖和鑰匙的關係來解釋，稱為「鎖鑰假說」，此假
    說可以解釋下列哪些有關酵素的特性？
    (A) 受質專一性　　　　　　　(B) 反應後酵素分子結構不變
    (C) 若酵素分子結構改變，則受質無法結合
    (D) 酵素的作用濃度有一定的範圍
    (E) 酵素由蛋白質組成並由基因製造

30. 下列有關菌類的敘述，哪些正確？
    (A) 食用的香菇是由雙核的菌絲體構成的
    (B) 菌絲以胞飲作用吸收大分子，再分解為小分子
    (C) 大部分真菌的細胞壁是由纖維素構成的
    (D) 麵包黴的孢子為紅色，青黴的孢子為綠色
    (E) 只有雙套染色體期的酵母菌才能行減數分裂

31. 光合作用的光反應和細胞呼吸作用的過程皆有電子傳遞的現象，
    二者之間有何差異？
    (A) 光反應中，由 O_2 提供電子給電子傳遞鏈
    (B) 呼吸作用中，由 NADH 提供電子給電子傳遞鏈
    (C) 呼吸作用的電子傳遞系統中，最後由 O_2 接受電子
    (D) 光反應的電子傳遞系統中，最後由 NADPH 接受電子
    (E) 光反應的電子傳遞為一放能反應，呼吸作用的電子傳遞則
        為一吸能反應

32. 下列有關植物激素之敘述，哪些正確？
    (A) 用吉貝素處理正常植株，可促進細胞伸長植株增高
    (B) 園藝上用 NAA 處理切枝植株，促進生根
    (C) 生長素可促使小細胞發展成大細胞，不能使大細胞成為小細胞
    (D) 激素是有機化合物，可經分解成更小的分子以傳遞細胞間的
        訊息
    (E) 細胞分裂素可抑制細胞內蛋白質和核酸的崩解，有延緩細胞
        老化的功能

33. 下列有關行為的敘述，哪些正確？
    (A) 本能反應必須反覆練習才能形成
    (B) 印痕反應只在動物體幼年才能建立
    (C) 費洛蒙釋放於空氣中，近似物種也會產生類似反應
    (D) 許多本能行為的控制中心在下視丘
    (E) 求偶行為具有物種專一性，會造成物種間之生殖隔離

34. 下列有關哺乳動物免疫反應的敘述，哪些正確？
   (A) 免疫細胞能辨識「自我」和「非我」，與白血球抗原有關
   (B) 愛滋病感染的空窗期是 HIV 病毒的毒性尚未發作
   (C) 「自我」和「非我」辨識是由 T 細胞在胸腺中「受教」完成
   (D) 細胞免疫是由 B 細胞執行
   (E) 先天性免疫缺乏症是由於母親感染 HIV 病毒導致嬰兒免疫力受損

35. 下列有關哺乳動物 X 染色體性聯遺傳其基因及表現型的敘述，哪些正確？
   (A) 若為顯性，必定同時出現在父親和女兒身上
   (B) 若為顯性，在雌性出現的機會低於雄性
   (C) 若為隱性，必定同時出現在父親和女兒身上
   (D) 若為隱性，在雌性出現的機會低於雄性
   (E) 若為隱性，必定同時出現在母親和兒子身上

參、閱讀題（20%）

說明：第 36 至 51 題，選出正確選項，標示在答案卡之「選擇題答案區」。單選題每題答對得 1 分，答錯倒扣 1/3 分；多選題每題各選項獨立計分，完全答對得 2 分，每答對 1 個選項可得 0.4 分，每答錯 1 個選項倒扣 0.4 分。未答者，不給分亦不扣分。

閱讀一

　　新陳代謝作用非常重要。缺氧時，動物進行無氧呼吸，不僅堆積乳酸，且產生的能量銳減。顯然動物在氧供應不足時，體內的乳酸堆積與能量不足是嚴重問題。乳酸過多常被認為是引起肌肉疲勞的主因，而能量不足對腦組織非常不利，腦細胞在這種情況下極易死亡，一般動物無法在缺氧過久或無氧狀況下生存。

　　少數動物能在缺氧狀況下生活頗長的時間，如烏龜與北歐鯽，後者竟能在多季冰凍小池塘裡生活數月之久，顯示它的新陳代謝，已有適當的調節與適應。研究發現北歐鯽在寒冷缺氧環境下，肌肉與其他器官的新陳代謝簡述如圖 1，缺氧期間，灌流腦部的血流量會增加（圖 2）。金魚也是耐缺氧的動物，與北歐鯽同屬 *Carassius*，缺氧時，其新陳代謝產物與北歐鯽相同（表 1）。試分析這些圖表，並依據這些圖表作答。

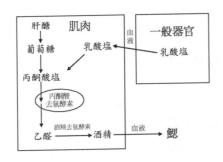
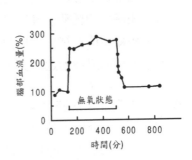

圖 1　北歐鯽新陳代謝示意圖　　　　圖 2　腦血流量之時間變化

表 1　與北歐鯽相近的金魚在 4 °C 缺氧 12 小時後體內乳酸和酒精含量（mM）

	組織的乳酸	組織的酒精	水中酒精
對照組	0.18	0	0
缺氧組	5.81	4.58	6.63

36. 從這些圖表研判，北歐鯽體內何種物質愈多則抗寒的能力愈佳？
（單選）
(A) 酒精
(B) 肝醣
(C) 乳酸
(D) 去氫酵素

37. 北歐鯽之所以能夠在冰凍小池塘存活的原因是甚麼？（單選）

(A) 新陳代謝產生酒精與乳酸是主要因素

(B) 新陳代謝產生酒精是主要因素

(C) 新陳代謝改變促使體內產生抗寒物質

(D) 血流量增加使腦部的乳酸直接排出體外

38. 金魚在缺氧時會發生下列何種狀況？（單選）

(A) 腦部的血液流量為平時的兩倍以上

(B) 組織中的乳酸含量和平時差不多

(C) 組織中的酒精經克氏循環而代謝

(D) 酒精由肌肉附近的表皮擴散至水中

39. 下列有關北歐鯽體內能量代謝的敘述，哪些正確？（多選）

(A) 行有氧呼吸，醣類之終產物為乳酸塩

(B) 行無氧呼吸，醣類之終產物為酒精

(C) 無氧時，腦血流量增加主要為帶走酒精

(D) 丙酮酸去氫酵素位於肌細胞粒線體

(E) 肌肉中的葡萄糖是體內能量的來源

閱讀二

　　1828 年，植物學家布郎尼（Brongniart）以採自法國漸新世的一些著葉化石植物建立了擬紫衫屬（*Taxites*），並鑑別六種，其中以 *T. langsdorfii* 最惹人注意。1847 年，這些化石初次被安黎嵜（Endlicher）描述，同時他也將美國加州的一種高大針葉樹命名為北美紅杉屬（*Sequoia*）。1855 年，黑爾（Heer）鑑定從瑞士出土的化石，它包括葉和並存的毬果，認為所有被鑑定為 *T. langsdorfii* 的化石，都是 *Sequoia* 的遺骸。原來的 *T. langsdorfii Brongniart* 遂被更名為 *Sequoia langsdorfii*（Brongniart）Heer。此後更多的類似化石被發現，大多是 *S. langsdorfii*。

　　1940 年，三木（Miki）發現一種日本的化石植物，其枝條似落羽松（*Taxodium*），毬果似北美紅杉，故另立一屬 *Metasequoia*，以示其為北美紅杉之姊妹。1941 年，三木發現北極圈的 *Sequoia disticha* Heer 與日本之化石相似，遂修正其學名為 *Metasequoia disticha*（Heer）Miki。此後，更多資料顯示，*Metasequoia disticha* 從白堊紀晚期到中新世廣布於歐亞大陸，直到數百萬年前它仍存在於日本和西伯利亞東部。

　　1944 年，王戰在中國西藏發現一株 35 公尺高的大樹，當地居民稱之為 "水杉"，奉如神木。王戰收集帶有針葉和毬果的小枝回去研究，並經胡先驌和鄭萬鈞兩位教授確定為 *Metasequoia disticha*（Heer）Miki。此一稀世古樹竟為全球植物學界矚目的焦點—*Metasequoia* 活現了！1947 年，麥銳爾（Merrill）資助採集種子，分贈世界各地植物園，此樹因此遠播異域，出現在全球各地。1948 年，錢尼（Chaney）沿著長江越過山脈，到達水杉生長的峽谷，考察水杉生長和分布的情形，他發現山谷裡大約有 8000–10000 棵，其中約 5000 棵的直徑超過 20 公分，但附近已無額外的棲地，水杉不能在當地拓殖。不過，由於其種子被收集去外地培育，目前水杉在世界各地的公園與花園常看得到。

40. *Sequoia langsdorfii* 的化石實際上最早被發現於哪一國的地層中？
　　（單選）
　　(A) 瑞士　　　　　　　　(B) 日本
　　(C) 美國　　　　　　　　(D) 法國

41. *Taxites langsdorfii* 被更名為 *Sequoia langsdorfii*，其原因為何？
　　（單選）
　　(A) 安黎胥首次描述北美紅杉屬的化石
　　(B) 布郎尼最先鑑定出一種著葉化石
　　(C) 黑爾由葉和毬果的化石判定屬於北美紅杉屬
　　(D) 三木認為他像北美紅杉屬的化石

42. 下列有關 *Metasequoia* 之敘述，何者正確？（單選）

　　(A) 它的枝條像 *Sequoia*

　　(B) 它的毬果像 *Taxites*

　　(C) 它的化石在<u>日本</u>發現應冠以 *Meta* 字首

　　(D) 它的特徵介於 *Taxodium* 和 *Sequoia* 之間

43. 下列有關水杉之敘述，哪些正確？（多選）

　　(A) <u>王戰</u>最先發現現生的 *Metasequoia disticha*

　　(B) <u>胡</u>和<u>鄭</u>最先立名 *Metasequoia disticha*

　　(C) <u>麥銳爾</u>使得水杉再度在全球各地萌芽復甦

　　(D) 水杉的化石經<u>錢尼</u>的細心照顧而復活了

　　(E) 水杉在中生代晚期到第三紀中期廣布於<u>歐亞</u>大陸

閱讀三

　　<u>孟德爾</u>發表他的豌豆雜交實驗結果後 100 多年，我們終於在分子及基因的階層裏明白其典型的實驗結果之一：光滑種子與皺皮種子的豌豆株（P）進行種皮表型雜交試驗，其 F1 代全數爲光滑型，而 F2 代則光滑型與皺皮型的豌豆株爲 2.96：1 的緣由。

　　有一段相當長的時間，生物學家相信光滑型與皺皮型種子之差異與澱粉的水解有關。相較於異對偶（等位）基因（Ss）種子和雙顯性對偶基因（SS）種子，含雙隱性對偶基因（ss）的種子在其發育過程中含有較多的蔗糖。這麼一來，ss 種子的滲透壓較高，在其發育的過程中有相對多的水分進入種子之中。當種子發育完成，水分減少，但種皮卻不相對縮小，因而形成皺皮型。進一步探討發現，蔗糖累積於 ss 型種子之中，係因單醣聚合爲澱粉之酵素其基因產生缺陷所致。此隱性對偶基因（s）比顯性對偶基因（S）多出 800 個鹼基對，導致澱粉分支酶不活化，因而使較多的蔗糖累積在種子中。

44. 下列有關孟德爾典型實驗之敘述，何者正確？（單選）
    (A) F1 基因型為 SS　　　　　(B) F2 有兩個基因型 SS 及 ss
    (C) P 必須確定是純品系　　　(D) 皺皮型基因為顯性

45. 下列發育完成之種子對應關係，何者正確？（單選）
    (A) ss 種子：多水分　　　　　(B) SS 種子：少酵素
    (C) ss 種子：多澱粉　　　　　(D) SS 種子：少蔗糖

46. 下列有關豌豆遺傳的敘述，何者正確？（單選）
    (A) 孟德爾的典型基因對應兩個對偶基因
    (B) F2 代之表型比 2.96：1 不符合顯隱性之關係
    (C) 異對偶基因的種子表現皺皮型的外貌
    (D) 皺皮型種子係因缺少蔗糖所致

47. 下列有關種皮遺傳的敘述，哪些正確？（多選）
    (A) 皺皮型種子因其內之澱粉被水解所致
    (B) 隱性對偶基因的鹼基對較少，種子因而皺縮
    (C) 皺皮型種子內缺少活性澱粉分支酶
    (D) 皺皮型種子發育完成，滲透壓不足，種皮向內皺縮
    (E) 基因控制酶的活性，再影響蔗糖多寡，以水分進出決定種子
        表型

閱讀四

　　生命力源於能！所有生物體之活動，如細菌之泳動、人之閱讀，均需若干能量之投入。生物體能量收支以 ATP 為 "通貨"；在細胞質中每一個 ATP 代表 12 kcal glucose・mole^{-1}（葡萄糖・莫耳）。地球演化初期之生物圈，其異營生物體以糖解作用將葡萄糖氧化為丙酮酸之類的化合物，可獲得 2 個 ATP。然而，1 莫耳的葡萄糖其化學鍵所蘊含的能量約為 686 kcal。目前之生態系，其內含物種通常相當多而複雜，系統

生態學者將物種依其在生態系中能階之高低加以歸類，而為生產者、消費者、清除者和分解者。生產者中之生物體其能源可自無機環境中逕行擷取，故稱之為自營性；其餘各能階之能量都取自自營生物，稱之為異營性。假設在一草原生態系中，青草－草食性動物－肉食性動物形成三能階食物鏈，草食消費者只以糖解的方式獲得能量，而肉食消費者掠食草食動物後，亦僅以糖解為能量之取得方式，則估計整個生態系只有 0.12 % 源於生產者的能量可供肉食動物運用於其活動中。此草原上肉食動物的組成及生物量將遠不及目前非洲草原上豐富。

　　生物體之細胞可行有氧呼吸，以產生進一步的氧化性新陳代謝，在演化過程中是一項大突破。有氧呼吸之能量轉換率在細胞內達到 52–63 %，如此一來便有足夠的能量保留在生態系內，以建立充足的食物鏈，維持生態系的動態平衡。但是即使有氧呼吸提高了細胞運用能源物資（如葡萄糖）的利用效率，在生態系的能階間進行能之轉換，仍有約三分之二的量逸出系統。此一現象直接影響生態系中之能階層數。大部分的生態系只有三個能階分層，少數達到四層。例如在非洲的草原上，青草–羚羊–獅的食物鏈代表一個三能階的生態系，若將人介入以形成青草–羚羊–獅–人的四能階系統將非常不容易。這是因為獅的生物量不足以提供人的利用，使人達成恆定而相當大的族群水準。若人另擇途徑，中途截取青草（菜）或羚羊以補足能量，維持一個相當的族群水準，那麼所謂的「四能階」系統便名存而實亡了。

48. 一莫耳的葡萄糖經糖解作用後產生多少能量？（單選）
　　(A) 12 kcal　　　　　　　　(B) 24 kcal
　　(C) 343 kcal　　　　　　　 (D) 686 kcal

49. 只行糖解作用的生物構成生態系，其能階間之轉換率約為下列何者？（單選）
　　(A) 63 %　　　(B) 52 %　　　(C) 3.5 %　　　(D) 0.12 %

50. 細胞可行有氧呼吸之生物所構成的生態系，其能階間之轉換率
    約為下列何者？（單選）
    (A) 33 ％   (B) 52 ％   (C) 63 ％   (D) 66 ％

51. 下列敘述哪些正確？（多選）
    (A) 有氧呼吸產生的能量比糖解作用多，但其結算仍為 2 ATP
    (B) 完全的有氧呼吸過程，一莫耳的葡萄糖約可產生 36 ATP
    (C) 演化上應先產生具有氧呼吸能力的細胞，然後才能行無氧呼吸
    (D) 理論上能維持四個能階分層的生態系，相對地較三層者有效率
    (E) 若能量純以糖解方式收支，維持一個草–羚羊–獅生態系的組
        成和生物量是很容易的

肆、非選擇題（30 ％）

說明：依題序（1、2、3、4），且依小題號【(1)、(2)、(3)…】順序在
　　　答案卷上作答，不必抄題。每小題 2 分。

1. 某生觀察大鼠在麻醉下腎臟的功能。實驗進行時，他在大鼠的靜
   脈注入大量的低張食塩水溶液，同時從膀胱與動脈分別收集到尿
   液和血液。他將所收集的尿液與血液送研究機構請人分析，得結
   果如下表。

	尿液			血液	
	體積 （毫升／單位時間）	Na^+ （毫當量／公斤）	K^+	Na^+ （毫當量／公斤）	K^+
注入食塩水前	25	15	35	155	45
注入食塩水後	40	12	30	135	37

(1) 與實驗前相比，腎小管對水的再吸收作用有何改變？
(2) 你根據甚麼來判斷？
(3) 腦下腺後葉釋出的抗利尿激素有何種變化？
(4) 其原因是什麼？

2. 以下是幾個與氣孔開閉有關的問題，試回答之。
 (1) 鉀離子如何進入保衛細胞？
 (2) 保衛細胞壁上的微纖維如何排列？
 (3) 那一種植物激素會影響氣孔開閉？
 (4) 保衛細胞內的二氧化碳濃度若下降，則氣孔是開還是閉？

3. 在一組試驗中，四個加入 500cc 滅菌池水之錐形瓶分別處理為：
 A－加入 2 支水蘊草；
 B－加入 2 隻孔雀魚；
 C－加入 2 支水蘊草和 2 隻孔雀魚；
 D－不加水蘊草也不加孔雀魚。
 每瓶滴入 5 滴溴化麝香草酚藍（bromothymol blue），將此四個錐形瓶加封密閉後置於陽台一星期。如果此實驗理想完成，試回答下列問題。
 (1) 試驗中的 D 瓶不加生物其目的為何？
 (2) 加入溴化麝香草酚藍之目的為何？
 (3) 推測 B 及 C 兩組之孔雀魚那一組活得較久？為什麼？
 (4) 如果將四個錐形瓶置入黑暗中一星期，請問那些瓶會變成黃色？

4. 下表為林奈氏分類制度中哺孔綱之一部分，請填入適當的科學名稱。

綱	Mammalia	Mammalia	Mammalia	Mammalia
目	Primates	Primates	Primates	(A)
科	Hominidae	Pongidae	(B)	Hominidae
屬	(C)	*Pan*	*Homo*	*Australopithecus*
物種	*H. sapiens*	*P. troglodytes*	*H. erectus*	*A. afarensis*

 (1) (A)：_____　　(2) (B)：_____　　(3) (C)：_____

九十一年度指定科目考試生物科試題詳解

壹、單一選擇題

1. **B**

　　【解析】 複製　　DNA $\xrightarrow{轉錄}$ mRNA $\xrightarrow{轉譯}$ 蛋白質

2. **D**
　　【解析】 生物不論外界如何改變，一定有能力去維持體內生理一
　　　　　　定狀態，稱恒定性。

3. **B**
　　【解析】 排卵前，濾泡成熟分泌動情素，使體內動情素濃度上升，
　　　　　　協助子宮內膜增厚，以作受精之準備。排卵後，動情素濃
　　　　　　度增高，可藉廻饋抑制腦垂腺分泌 FSH 和 LH，使新的
　　　　　　卵不能發育、成熟，也不會排卵。

4. **C**
　　【解析】 天擇決定生物演化的方向。

5. **D**
　　【解析】 物種歧異度指生物種類的多樣性，又物種歧異度愈大，
　　　　　　則物種間愈相互依賴，相互影響，所以此地區就愈趨於
　　　　　　平衡，故由圖可知 P 群集較趨於平衡，所以 P 群集的物
　　　　　　種歧異度最大。

6. **D**
　　【解析】 蛋白質是由 C、H、O、N、S 等元素組合而成。

7. **A**

【解析】 斑文鳥 —— 脊索動物門
文昌魚 —— 脊索動物門
文　蛤 —— 軟體動物門
所以斑文鳥與文昌魚之物種最相近。

8. **C**

【解析】 補體係由肝臟製造，為一系列的血漿蛋白。干擾素是在細胞受感染後，由此細胞所製造並分泌的一種蛋白質，所以干擾素並非補體的一種。

9. **A**

【解析】 O_2 —— 簡單擴散。

10. **C**

【解析】 受傷時，若干組織細胞釋出舒緩肽
↓
刺激肥大細胞分泌組織胺
↓
組織胺使小動脈和微血管擴張，使血管通透增大。

11. **B**

【解析】 依據哈溫定律，在一個平衡的族群內，對偶基因出現的頻率是不會改變的，所以 $(M+N)^2 = 1$，則只有 (B) 選項符合此公式。

12. **D**

【解析】 (D) 若為自花傳粉，則為自交，而不是雜交。

13. **C**

【解析】 (A) 卡氏帶為阻止水分與無機塩進出。
(B) 泌液作用是因為夜晚蒸散作用不旺盛，水分由水孔流失的現象。

14. **B**

　【解析】 溶（**酶**）體有負責細胞更新的功能，它會吞噬老化的胞器或部份細胞質，分解之後再將小分子送回細胞質中利用。

15. **C**

16. **A**

　【解析】 (B) 重組 DNA 會影響 mRNA 的序列，進而影響蛋白質的結構。

　　　　　 (C) 桃麗羊是利用複製過程產生，故其 DNA 含量與合子相同。

　　　　　 (D) 載體是一種攜帶 DNA 的 DNA 分子。

17. **A**

　【解析】 冷杉位於針葉林生態系

　　　　　 槭樹位於溫帶落葉林

　　　　　 箭竹位於高山草原

　　　　　 榕樹位於雨林

　　　　　 馬鞍藤位於砂丘

18. **D**

　【解析】 (A) 優養化會導致溶氧量下降。

　　　　　 (B) 戴奧辛目前不能有效清除。

　　　　　 (C) 引起溫室效應的主要氣體為 CO_2。

19. **D**

　【解析】 (A) 第一次分裂，同源染色體分離。

　　　　　 (B) 第二次分裂，產生四個子細胞，各含幾個染色體。

　　　　　 (C) 第一次分裂，產生二個子細胞，各含 2 (n) 個染色體。

20. **C**

　【解析】 細菌無粒線體，其 ATP 來源主要利用細胞膜來合成。

貳、多重選擇題

21. **CE**

【解析】

胰臟
- → 為消化腺時 ⇒ 分泌胰液（含胰澱粉**酶**、胰蛋白**酶**、胰脂酸核酸**酶**）。
- → 為內分泌腺時（胰島）⇒ 分泌胰島素、
- → 無糖素。

22. **ABD 或 ABDE**

【解析】內分泌腺包括下視丘、腦垂腺、甲狀腺、副甲狀腺、胰島、腎上腺（腎臟上）、睪丸、卵巢、松果腺及胸腺。

23. **CD**

【解析】(A) K 員可為 Aa 或 aa。

(B) M 員必為 Aa。

(C) N 員可為 Aa 或 AA。

(D) P 員必為 Aa。

(E) R 員可為 AA 或 Aa。

24. **CD**

【解析】(A) 真細菌屬於原核生物。

(B) 眼蟲為原生生物。

(E) 酵母菌為菌物菌。

25. **AD**

【解析】(B) 管徑變大，血壓下降。

(C) 心跳速率↓，壓出血液↓ ⇒ 血壓↓。

26. **BDE**

【解析】(A) 視覺感光細胞接受光線刺激。

(C) 味覺細胞接受液態化學物質刺激。

27. **AB 或 ABC**

　　【解析】 (D) 氮經固氮作用形成含氮化合物。

28. **BDE**

　　【解析】 (A) 資源充足成幾何級數圖形增加。

　　　　　 (C) 開發中國家人口，為成長型年齡結構。

29. **ABC**

　　【解析】 鎖鑰假說無法解釋酵素作用的濃度。

30. **AE**

　　【解析】 (D) 麵包黴的孢子為黑色。

31. **BC**

　　【解析】 (D) 由 $NADP^+$ 接受電子。

　　　　　 (E) 電子傳遞為氧化還原作用，故為放能、吸能交替進行。

32. **BCE**

　　【解析】 (D) 激素需運至其他部份（標的細胞），才能產生其生理
　　　　　　　 的效果。

33. **DE 或 BDE**

　　【解析】 (A) 本能反應不需經由學習。

34. **AC**

　　【解析】 (B) 愛滋病由感染到呈陽性反應的這段期間內，檢查不出
　　　　　　　 是否有愛滋病毒，故稱此時期為空窗期。

　　　　　 (D) 細胞免疫由 T 細胞執行。

35. **ADE**

【解析】 (B) 若為顯性，則雌性出現機率大於雄性。

(C) 若為隱性，必同時出現在母親及女兒身上。

參、閱讀題

閱讀一

36. **B**

【解析】 由圖知，肝糖↑，則酒精↑。

37. **B**

【解析】 因其可產生酒精耐寒。

38. **A**

【解析】 由圖 2 知，缺氧時，其腦部血流量由 100 ％ 增加至 200 ％ ～ 300 ％。

39. **BDE**

【解析】 (A) 有氧呼吸之終產物為 CO_2 及 H_2O。

閱讀二

40. **D**

【解析】 由文中知，其最早化石於 1828 年在法國發現。

41. **C**

【解析】 由文知，黑爾根據葉及毯果判斷。

42. **D**

【解析】 由文知，其特徵介於 Taxodium 及 Sequoia 間。

43. **ACE**

　　【解析】(B) 胡和鄭為確立者。

閱讀三

44. **C**

　　【解析】(A) F1 基因型 Ss。

　　　　　　(B) F2 基因型有 SS、Ss 及 ss。

　　　　　　(D) 皺皮基因型為隱性。

45. **D**

　　【解析】由文知，SS 種子的澱粉分支酶較 ss 易活化。

　　　　　　所以蔗糖累積較少。

46. **A**

　　【解析】(B) 2.96：1 ≒ 3：1 ⇒ 合顯隱性關係。

　　　　　　(D) 異對偶S_s表現光滑皮。

47. **CE**　　由文可知。

閱讀四

48. **B**

　　【解析】由文知，葡萄糖經糖解產生二個 ATP，又每一 ATP 產
　　　　　　生 12kcal 能量，故得解。

49. **C**

　　【解析】只行糖解生物之生態系，其能階間之轉換率為 3.5％。

50. **A**

　　【解析】行有氧呼吸生物之生態系，其能階間之轉換率為 33％。

51. **BD**

肆、非選擇題

1. 【解答】(1) 再吸收作用會降低。
　　　　 (2) 因為其尿液量增加。
　　　　 (3) ADH 會減少。
　　　　 (4) 因為血液滲透壓↓，負　饋抑制下視丘分泌 ADH，
　　　　　　 於是腦下腺後葉釋出 ADH 降低，所以腎小管再吸
　　　　　　 收作用降低，尿量增加。

2. 【解答】(1) 保衛細胞膜上的光受體接受藍光→激發鉀離子幫浦
　　　　　　 →鉀離子進入保衛細胞。
　　　　 (2) 輻射排列。
　　　　 (3) 離酸（離素）。
　　　　 (4) CO_2濃度↓——→K^+ 堆積——→氣孔開。

3. 【解答】(1) 做為對照組用。
　　　　 (2) 有 CO_2 時，其會由藍色變黃色。
　　　　 (3) C 組，因其有水蘊草行光合作用。
　　　　 (4) A、B。

4. 【解答】(1) Primates
　　　　 (2) Hominidae
　　　　 (3) Homo

九十一學年度指定科目考試（生物）

大考中心公佈答案

題號	答案	題號	答案	題號	答案
1	B	21	CE	41	C
2	D	22	ABD 或 ABDE	42	D
3	B	23	CD	43	ACE
4	C	24	CD	44	C
5	D	25	AD	45	D
6	D	26	BDE	46	A
7	A	27	AB 或 ABC	47	CE
8	C	28	BDE	48	B
9	A	29	ABC	49	C
10	C	30	AE	50	A
11	B	31	BC	51	BD
12	D	32	BCE		
13	C	33	DE 或 BDE		
14	B	34	AC		
15	C	35	ADE		
16	A	36	B		
17	A	37	B		
18	D	38	A		
19	D	39	BDE		
20	C	40	D		

九十一學年度指定科目考試
各科成績標準一覽表

科　　目	高　標	均　　標	低　標
國　　文	52	43	33
英　　文	55	36	18
數　學　甲	62	45	27
數　學　乙	65	46	26
化　　學	55	35	16
物　　理	30	17	5
生　　物	58	42	26
歷　　史	61	47	33
地　　理	66	53	40

※ 以上三項標準係依各該科全體到考考生成績計算，且均取整數(小數只捨不入)，各標準計算方式如下：

高標：該科前百分之五十考生成績之平均。

均標：該科全體考生成績之平均。

低標：該科後百分之五十考生成績之平均。

心得筆記欄

歷屆指考生物科試題詳解

主　　編 / 姜孟希・殷　琴

發 行 所 / 學習出版有限公司　　　☎ (02) 2704-5525

郵 撥 帳 號 / 0512727-2 學習出版社帳戶

登 記 證 / 局版台業 2179 號

印 刷 所 / 裕強彩色印刷有限公司

台 北 門 市 / 台北市許昌街 10 號 2 F　　☎ (02) 2331-4060

台灣總經銷 / 紅螞蟻圖書有限公司　　☎ (02) 2795-3656

美國總經銷 / Evergreen Book Store　　☎ (818) 2813622

本公司網址　www.learnbook.com.tw

電 子 郵 件　learnbook@learnbook.com.tw

售價：新台幣一百八十元正

2012 年 5 月 1 日初版

ISBN 978-986-231-169-1